CATALOGUE

DE LA

BIBLIOTHÈQUE

DE

M. EDGAR MAREUSE

Membre de la Commission du Vieux Paris
Ancien Président de la Société de l'Histoire de Paris et de l'Ile-de-France

INDEX DES NOMS CITÉS

PARIS

LUCIEN GOUGY
Libraire-Expert
5, QUAI DE CONTI, 5

L. GIRAUD-BADIN
Libraire-Expert
128, BOULEVARD SAINT-GERMAIN, 128

1929

BIBLIOTHÈQUE

DE

M. EDGAR MAREUSE

CATALOGUE

DE LA

BIBLIOTHÈQUE

DE

M. EDGAR MAREUSE

Membre de la Commission du Vieux Paris
Ancien Président de la Société de l'Histoire de Paris et de l'Ile-de-France

INDEX DES NOMS CITÉS

PARIS

LUCIEN GOUGY
Libraire-Expert
5, QUAI DE CONTI, 5

L. GIRAUD-BADIN
Libraire-Expert
128, BOULEVARD SAINT-GERMAIN, 128

1929

INDEX DES NOMS CITÉS

A

Abbadie (Dr), 9185.
Abbon, 44.
Abd-ul-Hamid II, 11934.
Abensour (Léon), 8046.
Abgrall (L'abbé), 6927.
Abot, 11745.
About (Edmond), 9118, 9861, 11345.
Abrantès (Duchesse d'), 9045.
Achard (Amédée), 978, 7665.
Achard (Jean-Georges), 4512.
Achard (Lucie), 9841.
Achenbach-Wahl (G.), 6203, 6856.
Achener (Maurice), 373.
Achinoff (L'ataman), 8520.
Achmet d'Héricourt (Cte), 2060.
Adam (Adolphe), 9803.
Adam (Émile), 10919.
Adam (F. E.), 2178.
Adam (G.), 665.
Adam (Mme Juliette), 9739. V. Lamber (Juliette).
Adam (Paul), 11631.
Adam (Victor), 940, 4923.
Advielle (Victor), 3472, 5767.
A. (E.), 1241.
Affairous (Léon), 8314.
Affre (Mgr), 2248.
Affry de la Monnoye (A d'), 12.
Agnisetta (Jos.), 281.
Aguesseau (Le chancelier d'), 8913.
Aguillon (Louis), 3522.
Aicard (Jean), 9049, 11346.
Aigoin (Louis), 6258, 9804, 10568, 10569.
Aimé-Martin, 10845.
Ajalbert (Jean), 1322, 6290, 6291, 6292.
Ajasson de Grand-Sagne, 8756.
Akerlio (Dr), 2152.
Alarcon y mendoza (Don Juan Ruiz), 11506.
Albalat (Antoine), 10247.
Albanès (Chanoine), 9805.
Albert Ier de Belgique, 1317.
Albert (Maurice), 5293.
Albert (Paul), 10541.
Albert-Montémont, 206, 207, 238.
Alboise, 11390.
Alboize de Pujol, 3289, 3300, 5778.
Albret (Jean d'), 10240.
Alcanter de Brahm, 4246, 4247.
Alda (Émile), 380.
Alembert (Jean Le Rond d'), 10137.
Alexandra (La reine), 8193.
Alexandra Feodorovna (L'impératrice), 9517, 9697.
Alexandre, 10283.
Alexandre (Arsène), 2087, 5350, 9518, 9604, 11219.
Alexandre (Paul), 10974.
Alfassa (Paul), 4103.
Alger (John Goldworth), 812.
Alhoy (Maurice), 3288.
Alix (Le chevalier d'), 1123.
Alizon (Aimé d'), 1933.
Alkan aîné, 9928.

Allain (Chanoine E.), 7312.
Allain (H. G.), 6203.
Allain-Le-Canu, 9882.
Allainval (L'abbé d'), 10467.
Allais (Gustave), 10791.
Allard (Maurice), 5306.
Allec (L'abbé), 6995.
Allem (Maurice), 10724.
Allemagne (Henri-René d'), 5392, 5393, 5394, 5395, 5396, 5397, 5398, 5399, 8569.
Allemane (Jean), 1124.
Alletz (P.-A.), 136, 137, 138, 139.
Allier (Raoul), 8821.
Alliot (L'abbé J.-M.), 6104, 6115, 6965.
Allom (T.), 4919.
Allorge (Paul), 5807.
Allou, 3168, 9187.
Allou (Mgr). 6495, 6496.
Allouard (Henri), 10756, 11313.
Alméras (Henri d'), 776, 4859, 5295, 11146, 11223.
Alphand (A.), 1086, 1787, 2166, 2611, 2802, 2803, 3273, 4712.
Alphonse XIII, 1313.
Alquié (Savinien), 7757.
Alskogius (R.), 8355.
Altiar (El.), 9522.
Alton (Aimée d') [Mme Paul de Musset] 10728.
Alvino (François), 8338.
Amar (J. A.), 10338, 10368.
Amaury (L'abbé), 6148.
Ambert (Général), 9188.
Amdès (Baron d'), 9143.
Ambrosini (Jean), 9980.
Ameilhon (Hubert-Pascal), 1719.
Amic (Aug.), 1354.
Amiable (Louis), 9894.
Amiel (Denys), 11347.
Amigues (Jules), 1282.
Amndus (G.), 8359.
Amodru (L'abbé), 3328.
Ampère (André-Marie), 10002.
Amy, 1448.
Amyot (Jacques), 9745, 10314.
Ancelot (J.-A.-F.-P.), 10887.
Ancelot (Mme), 5475.
Ancre (Le Maréchal d') [Concino Concini], 8805.
André (Frédéric), 9806.
André (H.), 1645.
Andree (Richard), 8043.
Andréoli (Émile), 1125.
Andrieux (F. G. J. S.), 2442, 10570, 11348, 11349.
Andrieux (Louis), 4940.
Anet (Claude), 11350.
Angennes (Julie-Lucine d') [Mlle de Rambouillet], 10420, 10421.
Anger, 2493.
Anger (Dom P.), 3492.
Angerami (Domingos), 8549.
Angivillier (Le Cte d'), 8717.
Ango, 5230.
Angot de l'Éperonnière (Robert), 11065.
Angoulême (La duchesse d'), 835, 3348, 7258.
Anne (Sainte), 9983.
Anne de Bretagne, 8779.
Anne de Russie, 8753.
Annenkov, 981.
Annet (A.), 3429.
Annunzio (Gabriele d'), 11507.
Anseaume, 11302.
Antelme (Jeanne), 9524.
Anthoine, 8015.
Anthoine (Les), 8812.
Anthoine (E.), 8059.
Anthouard (Baron d'), 9525.
Antoine (André), 11225.
Antoine (Jacques-Denis), 1367, 4702, 9807.
Antonini (L'abbé), 113, 114.
Antonio Ier, 8790.
Anville (D'), 626, 8003.
Anxionnat, 9904.
Apollinaire (Guillaume), 3710.
Appert (Général), 1126.
Apulée, 10325.
Arago (Étienne), 972.
Arago (François), 1645, 3528, 10037.
Arago (Jacques), 953, 5412, 8096, 9902.
Aragonnès d'Orcet (Général Vte), 9267.
Arbelli, 1719.
Arbellot (L'abbé), 2232.
Arbousse-Bastide, 4941.
Arboux (Jules), 3020.
Arc (Jeanne d'), 678, 679, 6972, 8764, 8765, 8766, 8767, 8768, 8769.
Arcambeau (Edme), 1755.
Arçay (Joseph d'), 9931.

Ardouin-Dumazet, 7787, 9808.
Ardouin-Dumazet (Le Cne Maurice), 9808.
Arène (Paul), 4042.
Argé (Ch. d'), 9891.
Argenson (René d'), 3254, 3255.
Argental (Le Cte d'), 10880.
Arioste, 11714.
Ariste (Paul d'), 440.
Aristophane, 10279, 10280, 10281.
Ar..tote, 10282.
Arman (R. d'), 9527.
Armengaud (J.-C.-D.), 4121.
Armengaud Jules), 3274.
Armengol (H.), 360.
Arnaud (Achille), 1999.
Arnaud (Raoul), 885, 9901.
Arnauld (Angélique), 6246.
Arnault (Lucien), 11351.
Arneth (Le chevalier Alfred d'), 8946.
Arnould (Arthur), 1127, 3300.
Arnou..n (Louis), 10676.
Arnoul..-Plessy (Mme), 5191.
Arnoullet, 1527, 1528.
Arnout (J.-B.), 2170.
Arnout (Jules), 2172.
Arnulf (J.), 7629.
Arrien, 10283.
Arrivetz (Maurice), 440.
Arrivot (Marie-Louise), 2267.
Arrouch (L.), 616.
Arsac (J. d'), 1128, 1129, 9190.
Artagnan (Charles de Baatz, seigneur d'), 8828, 8878.
Artaud, 10295, 10319, 10330.
Arthur-Lévy, 1366.
Ashbee (H. S.), 11587, 11618.
Ashburnham (Le Cte d'), 11822.
Asselineau, 12242.
Asselineau (Charles), 11896.
Asseline (Alfred), 10649.
Assier (A.), 6690.
Astrié (Théophile), 3128.
Atkins (Mme), 868.
Attila, 9958.
Attinger (V.), 8404.
Atyo (Alfred), 11631.
Aubault de la Haulte-Chambre (Georges), 408, 424.
Aubert, 12079.
Aubert (Félix), 3200.
Aubert (F..ancis), 2718.
Aubert (Marcel), 2084, 2280, 2281, 2282, 3732, 4682, 6661, 6662.
Aubert de la Faige (G.-E.), 8685.
Aubert du Petit-Thouars (Cer), 1807.
Aubigné (Françoise d'). V. Maintenon (Mme de).
Aubigny (D'). V. Daubigny.
Aubin, 12179.
Aubois (Mis d'), 8645.
Aubriot (Hugues), 1356, 2605, 2606.
Aubrun (Louis), 525.
Aubry, 182.
Aubry (François-Auguste), 9894.
Aubryet (X.), 12143.
Aucoc (Léon), 3575, 3705, 6548.
Aucourt (Cte d'), 2051, 2052.
Audebrand (Philibert), 1131, 4942.
Audiat (Louis), 7066, 7084, 7085.
Audiffred (Hyacinthe), 7671.
Audiffret (Hippolyte), 12346.
Audin (Marius), 7517, 7518.
Audin-Rouvière, 1515.
Audra (E.), 10022.
Augé de Lassus, 5335, 5638, 8316, 9904, 11352, 12151, 12246.
Auger (L'abbé), 10284.
Augier (Adrien), 47.
Augier (Émile), 10604, 11172, 11353, 11354, 11355.
Augieras (Capitaine), 7721.
Auguis (P.-R.), 10850.
Aujorant (Claude), 3189.
Aulard (F.-A.), 760, 770, 817, 923, 924, 932.
Aulu Gelle, 10326.
Aumale (Le duc d'), 6568, 9049, 8909, 8910, 11682.
Aumont (Maréchal d'), 8836.
Aunay (Alfred d'), 378, 5442, 9193.
Aunay (Victor d'), 2955.
Aurelle de Paladines (Général d'), 9194.
Auriac (Eugène d'), 2646.
Auriac (T.), 10190.
Auscher (E.-S.), 4734.
Ausone, 10325, 10327, 10328.
Autier (Joseph), 8499.
Auvray (Louis), 4399.
Auvray (Lucien), 25.
Avenel (Vte G. d'), 2259, 10105, 10106.
Avenel (Henri), 9457, 10104.
Avesne (E.), 9195.

Avienus (Rufus Festus), 10325.
Avont (Le Vte d'), 9894.
Avril, 3129.
Avril (Paul), 11745.
Aynard (Édouard), 11935.
Ayzac (Mme Félicie d'), 5732, 5733.
Azaïs, 1501.

B

B*** (Baron de), 3121.
B*** (Marie-Ange de), 1800.
B. (Victorine), 9083.
Babeau (Albert), 1808, 1883, 1905, 2588, 3067, 5851, 6805, 6807, 6808, 8642, 8643, 8975, 9811, 12166.
Babelon (Ernest), 3739, 4462, 4476, 8155, 9531, 9812, 9958, 11863.
Babelon (Jean), 3785.
Babin (Gustave), 2819.
Babinet, 1425.
Babonneix (Dr L.), 10694.
« Babrius », 11094.
Bachaumont (François Le Caigneux de), 10411.
Bachaumont (Louis Petit de), 3909, 3910, 3911, 4404.
Bachelet (Théodore), 9755.
Bachelier, 7147.
Bachelin, 11093.
Bachellerie (Alexis), 7630.
Bachot (Jacques), 8743.
Backer (Aug. et Aloïs de), 11809.
Backer (Dr Félix de), 3343.
Bacler d'Albe, 358, 8302.
Bacon (G. W.), 1609, 8176, 8177.
Bader (Mlle Clarisse), 2081.
Badoche, 7741.
Badois (E.), 1434.
Badin (Jules), 6537.
Baduel (Antoine), 2107.
Baedeker (K.), 241, 7775, 8107, 8128.
Baertsoen (Albert), 11937.
Bagge (G.), 10107.
Bagot, 1806.
Bagot, 6137.
Baguenier-Desormeaux, 6944, 8643.
Baïf (Lazare de), 10392, 10394.
Bailey, 5345.
Baillard (J.), 10358.
Baillehache (Marcel de), 1959, 9196.
Baillière (Henri), 6300.
Baillon (H.), 3398.
Bailly, 5605.
Bailly (A.), 2575, 12273.
Bailly (Edmond), 6018.
Bailly (Nicolas), 4405.
Balabine (Victor), 9067.
Balathier-Bragelonne (A. de), 1132.
Balbi (Adrien), 8004.
Baldry (A. L.), 12040.
Balfe (W.), 11475.
Balguerie-Stuttenberg, 7386.
Balleydier (Alphonse), 3371.
Ballu (Albert), 7733.
Ballu (Th.), 2358, 2470, 2593.
Balluriau (Paul), 5035.
Baloche (L'abbé C.), 2363, 2430.
Baltard (L. P.), 6457.
Baltard (V.), 2232, 2632, 329 .
Baltazar (Colonel), 7094.
Balthasar (L'abbé), 2344.
Balthy (Louise), 11938.
Baluffe (Auguste), 10442, 10443.
Baluze (Étienne), 7047.
Balzac (H. de), 4923, 10888, 10889, 10890-10898, 11356, 11698, 11699.
Bannache (Charles), 6488.
Banville (Théodore de), 3767, 4943, 5165, 10571, 10572, 10577, 10899, 11241, 11357.
Baour-Lormian, 10900.
Bapst (Germain), 906, 3804, 4265, 4336, 8377, 8758, 9148, 11111.
Bar (Mlle de) [Thérèse Quensaudon], 10554.
Bar (Paul), 3106.
Barante (Baron de), 8644.
Baratier (Général), 3570, 3571.
Baratier (Anatole), 9197.
Baratta (Mario), 8348.
Barbaroux (Alexandre), 5667.
Barbazan, 10380.
Barbesi (G.), 262.
Barbet (L.-A.), 5909.
Barbet de Jouy (H.), 1133, 4182, 4183, 4186.
Barbey (Alph.), 6697.
Barbey (Frédéric), 868, 8453, 8976.
Barbier (Antoine-Alexandre), 11799.
Barbier (Auguste), 10573.
Barbier (Edmond-Jean-François), 8888.

Barbier (Jean-Pierre), 10650.
Barbier (Jules), 10574.
Barbier (J.-V.), 8015.
Barbier (Pierre), 9206.
Barbou (Alfred), 10651.
Barckhausen (H.), 7277, 10789.
Bard (Joseph), 6171, 7586.
Bardac (Sigismond), 11939.
Barde (Louis), 7299, 8686, 10076, 10493.
Bardoux (Agénor), 9485.
Bardoux (Jean), 10794.
Bargès (L'abbé J.-J.-L.), 2345.
Barillet (J.-J.), 3337.
Barnave (A.-P.-J.-M.), 9002.
Barnout (H.), 1819.
Barnum, 5345.
Baron (Michel Boyron, dit), 5211, 10467, 11190, 11303.
Baroncelli (A. de), 5479.
Barral (Georges), 2606, 7985, 8687.
Barral (J.-A.), 10037.
Barral de Montaud (C.), 1134.
Barras, 5639.
Barras (P.-F.-J.-N., Vicomte de), 773.
Barraud (Dr Jean), 7230.
Barrault (Alexis), 2014.
Barré (L.), 10148.
Barrès (Maurice), 4994, 8688.
Barrias (Ernest), 4513.
Barrière (F.), 8615, 8616.
Barrière (J.), 7422.
Barringer (George-A.), 3718.
Barron (Louis), 2173, 4995, 5480, 5481.
Barroux (Marius), 1338, 3666, 3667, 3668, 6750, 6751.
Barrucand (Victor), 11631.
Barry (Charles), 7094.
Bart (Pierre), 11256.
Bart (Victor), 4526, 5630, 5853, 5854, 5855.
Bartet (Mme Julia), 5153, 5194.
Barthe (Le président), 9813.
Barthe (Nicolas-Thomas), 11304.
Barthélemy (L'abbé), 4601.
Barthélemy (Anatole de), 2124, 6383, 6814, 9964.
Barthélemy (Auguste Marseille), 605, 10575, 10576.
Barthélémy (C.), 5087.
Barthélemy (Charles), 5663.
Barthèlemy (Edmond), 11536.
Barthélemy (Édouard de), 686, 2514, 8800, 9938.
Barthez (Dr F.), 7034.
Bartholdi (F.-A.), 4514.
Bartholomew (J. G.), 297, 8048, 8157, 8179, 8182.
Barthou (Louis), 9532, 10652, 10653, 10695, 11700, 11705.
Barttelot (Major Edmond Musgrave), 9486.
Barut (Jean), 7676.
Barye (Antoine-Louis), 4347.
Baschet (Armand), 3675, 10901, 11124.
Baschi (Ch. de), 8645.
Basiliadis (S. N.), 11508.
Bassanville (Ctesse de), 5413.
Bassompierre-Sewrin, 1770.
Bast (De), 5482.
Bast (Amédée de), 3169, 5439.
Bastard (A.), 8387.
Bastard (G.), 2943.
Bastide (J.-F.), 11701.
Bastien-Lepage (Jules), 4347.
Baston (L'abbé), 8953.
Bataille (Henry), 11358, 11359.
Bataille (Nicolas), 1359.
Batcave (Louis), 5305.
Baticle (L'abbé), 6632, 6633, 6658.
Battelle, 3101.
Battifol (Mgr), 2306.
Battifol (Louis), 5855, 5902, 8801, 8806.
Battilliat (Marcel), 5910.
Batut (Arthur), 4474.
Bauchal (Ch.), 2286, 3759, 4635.
Baud (E.), 8387, 9738.
Baud (Maurice), 8491.
Baud-Bovy (Daniel), 8387.
Baude (Henri), 10385.
Baudelaire (Charles), 10577, 10578, 10781.
Baudin (J.-B.-A.-V.), 9119.
Baudot (A. de), 3632, 4671.
Baudot (Henri), 1451 bis.
Baudouin, 9038.
Baudouin (Dr Marcel), 6945, 6946.
Baudrillart, 1135, 1136.
Baudry (Paul), 4349, 5236.
Baudry de Balzac (Dr), 3417.
Baudry de Saunier (L.), 2942.
Baudry-Lacantinerie (G.), 10076.
Baunard (Mgr), 8656.

Baurien (L'abbé), 7231.
Bautier (Al.), 1378.
Bayard (Dr Henry), 3428.
Bayard (J.-F.-A.), 11360.
Baye (Baron J. de), 4597, 6815, 7063, 8689, 8690, 8691, 9012, 10876, 12101, 12102, 12103, 12104, 12105, 12106.
Bayet (Jean), 1870.
Bayle (L'abbé Louis-Charles), 2376.
Bayle (Pierre), 9748.
Bazaine (Maréchal), 1171, 9198, 9199, 9200, 9201, 9202, 9390.
Bazancourt (Baron de), 9120.
Bazeries (Commandant), 3304.
Bazin (A.), 4910.
Bazin (Arthur), 6587.
Bazin (L'abbé E.), 2428.
Bazin (Hippolyte), 1853.
Beaubourg (Maurice), 11638.
Beauchamp (Cte de), 8621, 8803, 8943.
Beauchamp (Octave), 5483, 9533.
Beauchamps (Alph.), 5779.
Beauchesne (A. de), 2148, 3344.
Beaucourt (Marquis de), 880, 3340.
Beau de Saint-Pollias, 8518.
Beaudry (Amédée), 6583.
Beaujoint (Jules), 1906, 2020.
Beaujon (Nicolas), 11722.
Beaulieu, 870.
Béaulieu, 1390.
Beaulieu (Henri), 5088.
Beaumarchais, 11305, 11306, 11307, 11702.
Beauménard (Mlle) [Rose Pétronille Le Roy de la Corbinais], 11202.
Beaumont (F. M. M. de), 3136, 3137, 3138.
Beaumont (G. de), 9738.
Beaumont-Vassy (Vte de), 1137.
Beaunier (André), 4043, 10241, 11638.
Beauplan (A. de), 10579, 10580.
Beaupré (De), 9861.
Beauquier (Charles), 6259.
Beauregard (Ch. de), 4901.
Beaurepaire (Edmond), 402, 1520, 1660, 1902, 1935.
Beaurepaire (J.-C. de), 6326.
Beaurepaire de Louvagny (Ctesse D.), 4996.
Beauséjour (Gaston de), 863.
Beausire (Émile), 9203.
Beauvillier (Le duc P. de), 10138.
Beauvilliers (Maxime), 6436.
Beauvoir (Cte de), 8097.
Bechmann, 1401, 1425, 6023.
Becker (Mme), 1366.
Beckmann, 8440.
Béclard (Léon), 10856.
Becq de Fouquières (L.), 10532, 10533.
Becque (Henry), 11361, 11362, 11363.
Bedeau (Général), 9144.
Bédier (Joseph), 9534.
Beffara (L.-F.), 10445.
Bégin (Émile), 8388.
Béguillet (Edme), 11629, 12128.
Bégule (Louis), 7688.
Bégule (Lucien), 7516, 7538.
Béjart (Armande), 10491.
Béjot (Eugène), 11633, 11643, 11752.
Belbeuf (Marquis de), 3574.
Belèze (B.), 4755.
Belèze (G.), 10108.
Belgrand (E.), 2, 1389, 1402, 1504.
Belin (J.-L.), 64.
Belin (J.-P.), 3858.
Belina (De), 1138.
Belin de Launay (J.), 8533.
Bellan (Gabriel), 9660.
Bellangé (J.-H.), 12199.
Bellanger, 10287.
Bellanger (L'abbé), 488, 5707.
Belleforest (François de), 91, 7991.
Belleyme, 7095, 7851.
Belliard, 10027.
Bellier de la Chavignerie (P.), 4399, 6979.
Bellier de Villiers (A. C. E), 983.
Bellièvre (Pomponne de), 8793.
Bellin, 8030.
Belly (Félix), 984, 995.
Belon (Paul), 4044.
Belton (Louis), 10655.
Beltrami (Luca), 685.
Beltran-M[illegible]es, 4515.
Beluze (Dr [illegible]), 3021.
Bénard, 12209.
Bénard (Adjudant), 5780.
Benard (B.), 2660.
Bénard (Charles), 7365, 10139.
Bénassit (Émile), 4058, 10989.
Benedetti (Cte), 9204, 9205.
Benedetto (L.-F.), 8941.

Bénédite (Léonce), 4212.
Bénézit (E.), 4400.
Bengy (Le P. A. de), 1269, 1280.
Benjamin (René), 3870, 4045, 4046.
Benoist (L.), 6408, 6423, 6424, 6493, 6502, 6525.
Benoist (Philippe), 1187.
Benoist (René), 688, 8725.
Benoiston de Châteauneuf, 2626.
Benoit (Pierre), 10581.
Berain, 4179.
Beraldi (Henri), 3711, 4463.
Béranger (Pierre-Jean de), 9046, 11540, 11541, 11542.
Béraud (Antony), 175, 12133.
Béraud (F.-F.-A.), 5374.
Béraud (Noël), 7507.
Bercheny (Maréchal de), 8726.
Berchère, 4518.
Berchoux (R.), 7629.
Bercy (Léon de), 494.
Bères (Émile), 441.
Bergaigne (Abel), 11510.
Berge (J.), 8454.
Berger (Georges), 2802, 2803, 9861.
Bergerat (Émile), 2742, 4944, 11364, 11365.
Bérigny (Ad.), 10085.
Berkheim (K. G. de), 4860.
Berleux (Jean), 985, 11012.
Berlier (J.-B.), 1440, 2988, 3451, 3453.
Berlioz (Hector), 9814.
Bernadau (F.), 7148, 7172, 7198, 7232, 7254, 7274, 7279.
Bernadotte, 8703.
Bernard (Aug.), 2410, 3814.
Bernard (Claude), 2606.
Bernard (L'abbé Eugène), 548, 2254, 2488.
Bernard (Frédéric), 214, 5911.
Bernard (Gentil), 10527.
Bernard (Jean), 8159.
Bernard (Jean-Jacques), 11366.
Bernard (Louis), 4184.
Bernard (P.), 3430.
Bernard (Samuel), 8914.
Bernard (Tristan), 11367, 11631.
Bernardin (Camille), 6411.
Bernardin (N.-M.), 5310.
Bernardin de Saint-Pierre, 10391, 10845, 10846.
Bernaud (Œ.), 2946.
Bernhardt (Sarah), 9487, 11226, 11227, 11229, 11230.
Bernheim (Adrien), 5166, 11160.
Bernier (Anthelm), 8604.
Bernin (Les), 1891.
Bernin (Le cavalier), 8721, 8846, 8847.
Bernstein (Henri), 11368.
Berny (Mme de), 10893.
Berquin, 11013.
Berr de Turique (Julien), 11326.
Berry (Jean de France, duc de), 12321, 12322, 12323.
Berry (Duc de), 4702, 5227, 5228, 5229.
Berry (Duchesse de), 4883, 4949, 9815.
Berry (Miss), 4841.
Bersier (Eugène), 8787.
Bert (Paul), 7233, 10156.
Bertall (Vte Charles-Albert d'Arnoux), 1087, 1139, 1224, 2954, 4803, 5415, 11356.
Bertaut (Jules), 4997.
Bertauts-Couture (L.), 6388.
Bertaux (Émile), 4255.
Bertaux (M.), 5209.
Berte aîné, 1072.
Berthaud, 4823.
Berthault, 828.
Berthaut (Colonel), 7832.
Berthaux (L'abbé), 5708.
Berthelé (J.), 6956.
Berthelon fils, 5781.
Berthelot (Marcellin), 2613, 9806.
Berthet (Jules), 9894.
Berthevin, 8646.
Berthezène (Alfred), 3302, 8692, 8693, 9206, 9436, 10582, 10583, 10584, 10979.
Berthier (Ferdinand), 3111.
Bertholomey, 7041.
Bertin, 10585.
Bertin (G.), 3122.
Bertin (Rose), 8962.
Bertin-Roulleau (Pierre), 7108, 7438.
Berton (Armand), 11727.
Berton (Pierre), 11231.
Berton de Saint-Quentin (Pierre), 9816.
Bertot (J.), 5484.
Bertout de Solières (F.), 1637.
Bertrand, 11632.
Bertrand (A.), 71.
Bertrand (Alphonse), 5912, 9797, 9800.

Bertrand (Ch.), 384, 385.
Bertrand (L.), 7313.
Bertrand (Louis), 10925.
Bertrand (Pierre), 9536.
Bertrand de Beuvron (H.), 2515.
Bertrandy, 6857.
Bertrandy-Lacabane, 6021, 6040, 6045.
Bertronville (Mme de), 10409.
Berty (Adolphe), 3, 409, 425, 1587, 1630, 1884, 2076, 2112, 4637, 11746.
Béry (A.), 1482.
Besancenet (Alfred de), 859.
Beslay (Charles), 1140, 9084.
Besnard (A.), 6073.
Besnard (Éric), 6327.
Besse (Dom J.), 8694.
Besson, 3880.
Besson (Charles), 986, 10586.
Bétant (A.-E.), 10323.
Betbeder (Dr), 7280.
Beuchot (A.-J.-Q.), 8750.
Beugnot (Comte), 3236.
Beurdeley (A.), 11940.
Beurdeley (Paul), 9817.
Beuret (Vte), 11941.
Beurnonville (M. de), 4379.
Beurier (Le P. Louys), 2481.
Beuve (Charles de), 1885.
Beyer (Michel), 6380.
Bezault (H.), 6124.
Bezenval (Le baron de), 811.
Bianco (Andrea), 8310.
Biard (Mme) [Léonie Thévenot d'Aunet], 10622.
Bibesco (Princesse), 9074.
Bichat (Xavier), 9818.
Bicking (Maurice), 6709.
Bidault, 3 29.
Bichebois (Adam), 2174.
Bida (Alexandre), 10723.
Bidon (Cte), 5856.
Bienaymé (Gustave), 2623, 2627, 5414.
Bienfait (Paul), 6190.
Biette (L.), 2998.
Bigard (Louis), 6149.
Bigore (L'abbé), 3201.
Bigot (Léon), 1141.
Bigot (P.), 8317.
Bigot-Valentin, 10920.
Bilhaud (Paul), 11369.
Billard (L'abbé), 10587.
Billard (Dr Max), 5734, 9014.
Billaud (Victor), 7424, 10588.
Billebault (A.), 9307.
Billot (Augustin), 847.
Billy (André), 355, 355 bis.
Bin, 11093.
Binche (Gille de), 11097.
Binet (L'abbé), 2255.
Bins de Saint-Victor (J.-M.-B.), 344.
Biollay (Léon), 718, 2633.
Biot, 1641.
Biotière (Francisque de), 1013.
Birault (Paul), 11066.
Biré (Edmond), 608, 850, 869, 9145, 10656, 10910.
Biron (Duc de), 846.
Biron (Mis de), 11942.
Bismarck (Cte de), 1079, 9146, 9208, 9216, 9339, 9341, 9382, 9488, 9489.
Bitard (Ad.), 2741, 9749.
Biver (Cte Paul), 6164.
Bizard (Dr Léon), 5000.
Bizemont (Vte de), 8518.
Björnson (Björnstjerne), 11509.
Black (Charles), 8162.
Blaeu (Guillaume et Jean), 12392.
Blaize (A.), 3030.
Blanc (Édouard), 9537.
Blanc (Gaspard), 9139.
Blanc (J.-J.), 1203.
Blanc (Louis), 823, 1292, 9058, 9461.
Blanc (Louis), 7281.
Blanchard (Dr), 9818.
Blanchard (Fernand), 6746.
Blanchard de Boismarsas (C. Olivier), 1754.
Blanche (Le Dr), 3064.
Blanchemain (Prosper), 10402, 10404.
Blanchet (Adrien), 4609, 6931, 7457, 7753, 8805, 9959.
Blanchet (Désiré), 1372.
Blanchot (Auguste), 2365.
Blanco-Fombona (R.), 10589.
Blangis (L.-N.), 6897.
Blanpain (N.), 1143.
Blanquart (F.), 9918.
Blanvillain (J.-F.-C.), 319, 4861.
Blaru (Les), 1367.
Blavet (Émile), 4086.
Blavignac (J.-D.), 5336.
Blaze de Bury [Ange-Henri Blaze], 11579

Blegny (Nicolas de). V. Du Pradel (Abraham).
Blémont (Émile), 10590.
Blessington (Countess of), 617.
Bliard (Pierre), 849.
Bloch (Ferdinand), 4047.
Bloch (Marc), 5485.
Bloche (Arthur). 8695.
Blochet (E.), 11686.
Bloch-Levalois, 11943.
Block (Maurice), 2530.
Blondeau (E.), 6419.
Blondel (Colonel), 7833.
Blondel (François), 4748.
Blondel (Georges), 9538, 9539.
Blondel (J.-B.), 2642.
Blondel (Jacques-François), 2133, 4662.
Blondel (Louis), 8455.
Blondel (Spire), 4406.
Blosseville (Marquis de), 9819.
Blot (J.), 7055.
Blouet (Abel), 9820.
Blücher (Princesse), 9540.
Blum (Ernest), 4945.
Blum (Léon), 11631.
Blum (L'abbé Martin), 8288, 9911.
Bluysen (Paul), 2771.
Bocher (Charles), 9490.
Boccador, 2571, 2573, 2574.
Bocquet (Léon), 10764.
Bodenehr (Gabriel), 8418.
Bodin (Albin), 8283, 8284.
Bodin (Félix), 4886.
Bodin (P.), 7413.
Body (Albin), 11178.
Boffrand (Germain), 1990, 9867.
Bögli (Lina), 8098.
Boëte (François), 6065.
Boieldieu, 10568.
Boigne (Ctesse de), 9047.
Boigne (Charles de), 5238.
Boileau (A.-V.), 5792.
Boileau (Étienne), 9.
Boileau-Despréaux (Nicolas), 6368, 10405, 10406, 10407, 10408, 10409, 10515.
Boilly (L.-L.), 4516, 4517.
Boilvin (Émile), 4353.
Boinet (Amédée), 1870, 3768, 6706, 7024, 7025.
Bois (Jules), 4998.
Bois (Victor), 7921.
Boislisle (Arthur de), 27, 567, 6549, 9821, 10524, 10828.
Boislisle (Jean de), 2282.
Boisseau (Jean), 94.
Boissie (Pierre), 9541.
Boissier (Gaston), 3578, 3587, 3613, 3695.
Boisson (Léon), 11708.
Boissonnas (Mme), 9209.
Boissonnas (Fred.), 7607, 8456, 8466, 8467, 8500, 8570.
Boissy (Marquis de), 9147.
Boissy (Louis de), 11308.
Boissy d'Anglas, 3345.
Boiteau (Paul), 8649.
Boittard, 546.
Boivin le cadet, 3758, 3759.
Boivin (Émile), 7722.
Bollmann (L.), 8389.
Bombelles (M. et Mme de), 8997.
Bombled, 2583.
Bonamy, 1457.
Bonaparte (Les), 8391, 9082, 9091, 9094.
[Bonaparte], 429.
Bonaparte (Louis-Napoléon), V. Napoléon III.
Bonaparte (Pauline), 11256.
Bonaparte (Prince Pierre), 9121, 9122.
Bonaparte (Prince Roland), 7719, 8390.
Bonfils (Robert), 2176, 9695.
Bonfons (Nicolas), 31.
Bonfons (Pierre), 33.
Bonhomme (Honoré), 8894, 10554, 10555, 10557.
Bonhomme (L'abbé Jules), 987.
Bonivard, 8465.
Bonjour (Casimir), 11370.
Bonnaffé (Edmond), 3780, 9909.
Bonnardot (Alfred), 34, 341, 683, 1368, 1520, 2424, 3807, 4464, 4584, 5453, 10038, 12172, 12253.
Bonnardot (François), 9, 2553.
Bonnardot (Hippolyte), 434, 704, 2489, 3171, 12268.
Bonnassies (Jules), 5167, 5168, 5169, 5170, 5171.
Bonnassieux (Marc), 5857.
Bonnassieux (Pierre), 2494.
Bonnault (Baron de), 6670, 6675, 6789, 8696, 9868, 10841.
Bonnault (Xavier de), 6588.

Bonnault d'Houët (Baron de), 6589, 6590.
Bonne, 7823, 8031.
Bonneau, 7561.
Bonneau (Alfred), 8874.
Bonnefille (Guy de), 6437.
Bonnefon (Jean de), 9937.
Bonnefon (Paul), 9855.
Bonnefons (Georges), 12247.
Bonnefont (Gaston), 5172.
Bonnefoy (L'abbé), 2379, 2380, 2383.
Bonnefoy (D[r]), 6050.
Bonnefoy (Marc), 2324.
Bonnelier (Hippolyte), 941.
Bonnemains (Mme de), 9435, 9822, 9823.
Bonnenfant (G.), 9918.
Bonneron (Géo), 3291.
Bonnerot (Jean), 3371, 7788.
Bonnet, 10109.
Bonnet (Henri), 3022.
Bonnet (J. Charles), 6076.
Bonnet (J.-L.), 9531.
Bonnet (R.), 3588.
Bonnet (V.), 12208.
Bonneville (A.-J.-M.), 457, 2643, 4672.
Bonneville de Marsaugy (L.), 9955.
Bonnin (L'abbé Pierre), 6019, 6020, 6120.
Bonnissel (N.), 7852.
Bonnot (Émile), 11827.
Bonvalot (Gabriel), 9542.
Bonvalot (Léon), 8571.
Book'em (Roger), 12131.
Borchardt (A.), 9210.
Bord (Gustave), 1455, 3301, 11222.
Bordeaux (Duc de), 1171, 5073, 5074, 9059, 9150.
Bordeaux (Henry), 7587, 7768, 10676, 10980, 11015.
Bordeaux (Paul), 6129.
Bordes (Auguste), 7199.
Bordes (Henri), 3782.
Bordes de Fortage (Louis de), 10780, 10842, 10860.
Bordet (Dr Gustave), 7631, 7632.
Bordier (Ami), 8474.
Bordier (Henri), 687, 3050, 3661, 8788, 9123, 11067.
Bordier (H. L.), 12265.
Bordier (L.), 2411.
Bordone (Général), 9865.
Borel (Maurice), 8404.
Borel (Tony), 695.
Borel d'Hauterive, 672.
Borgese (G.-A.), 10158.
Bories (Edmond), 6170, 6209.
Bories (Émile), 6204.
Bornecque (Cte Henri), 9651.
Bornet (Paul), 4465.
Bornier (Henri de), 10591, 10747.
Bornot (L.), 6052.
Bory (De), 1621.
Bos (Émile), 3222.
Bosc (L.-A.-G.), 6368, 9805.
Boscheron des Portes (C.-B.-F.), 7234.
Boscq (Paul), 5915.
Bossault (Edmond), 988.
Bossebœuf (L'abbé L.), 6907.
Bosset, 10140.
Bossuet 10798, 10799, 10800, 10801, 10802, 10803, 10804, 10805, 10806, 10815
Bossuet (L'abbé), 1362, 3774, 6753.
Bossuet (Pierre), 11118.
Both de Tauzia (Vte), 4128.
Botrel (Théodore), 9543.
Bottin (Sébastien), 2666, 2667.
Bottini, 5035.
Bouard (A. de), 3215, 4844.
Boucard (Max), 4048.
Bouchard (Jean-Jacques), 8848.
Bouchaud des Hérettes (Julie-Françoise) [Mme Charles], 10694, 10700.
Boucher (François), 1773, 2685.
Boucher (Henri), 4946.
Boucher (Dr Louis), 3109.
Boucher-Brandely (G.), 3494.
Bouchet (Jean), 7096.
Bouchet (Laurent), 6984.
Bouchot (Félix), 10316.
Bouchot (Henri), 3730, 3731, 4334, 4522, 6710.
Boucoiran (J.), 7502.
Boudet (J.), 7643.
Boudons de Saint-Amans (Pierre-Honoré), 7288.
Boudou (L.), 3600.
Boué (Mlle Germaine), 1788.
Boué (Louis), 7389.
[Boüer (Marguerite)], 36.
[Boufflers (Les)], 486.
Boufflers (La Ctesse de), 8915.
Bougainville (M. de), 10352.

Bougenot, 9966.
Bouguereau (William), 4518, 11944.
Bougy (Alfred de), 7633.
Bouilhet (Louis), 10592.
Bouillart (Jacques), 11634.
Bouillé (Marquis de), 865.
Bouillet (A.), 4610.
Bouillet (L'abbé A.), 2361, 5692, 5708, 6050, 6816, 6824, 6925, 9979, 9981, 12266.
Bouillet (L'abbé C.), 7541.
Bouillet (M. N.), 9750.
Bouillier (Francisque), 9211.
Bouilly (J. Nic), 5173.
Bouissin, 1703.
Boulainvilliers (Cte de), 7758, 7759.
Boulanger (Général), 9434, 9435, 9822, 9823.
Boulanger (Louis), 10675.
Boulay, 1013
Boulay de la Meurthe (Cte), 9859.
Boulay de la Meurthe (Henry), 1748.
Boulay-Paty (Évariste), 1920.
Boulé (F.), 5906.
Boulenger (Jacques), 4911, 6663, 10982.
Boulenger (Marcel), 10246, 10981.
Boulenger (J. Romain), 2111, 2641.
Bouli (A.), 10891.
Boullaire (J.), 3860.
Boulle (André-Charles), 657, 9824.
Boullongne (Les), 9825.
Boulmié (Joseph), 11474.
Boulongne (A.), 6645.
Bouniol (Bathild), 1661.
Bouquet (Mme), 7245.
Bouquet (H. L.), 3537.
Bouquet de la Grye (A.), 1470, 1479.
Bouquillard (E.), 2697.
Bour (Ch.), 6137.
Bourassé (L'abbé J.-J.), 4673, 11713.
Bourbon (Antoinette de), 8789.
Bourbon (Catherine de), 8796.
Bourbon (Charles-Louis de). V. Naundorff.
Bourbonne (Mis de), 2039.
Bourdaloue, 2434, 10807.
Boureau (René), 9799.
Bourelly (Général), 1144, 9212.
Bourg (Joseph), 7506.
Bourgarel (Georges), 11945.
Bourgeois (Anicet), 11371.
Bourgeois (Armand), 5855.
Bourgeois (Edmond), 11228.
Bourgeois (Émile), 11833.
Bourges (Ernest), 6438, 6439, 6465.
Bourget (Ernest), 2966, 11569.
Bourgin (Georges), 1145, 9085, 10130.
Bourgin (Hubert), 907, 10130.
Bourgogne, 1583.
Bourgogne (Jean de), 11200.
Bourgoin (G.), 12153.
Bourgoint (A.), 1366.
Bourignon de Saintes, 548.
Bourin (Henri), 8970.
Bourloton (Edgar), 1146.
Bourmont (Le Cte de), 9022.
Bournand (Fernand), 3373.
Bournand (François), 814, 8853.
Bournon (Fernand), 16, 23, 47, 48, 77, 78, 348, 349, 495, 609, 618, 1635, 1820, 1870, 1936, 3302, 3754, 3774, 3783, 3985, 5541, 5735, 5736, 5745, 5753, 5802, 6039, 6158, 6997, 6998, 6999, 10657, 10682, 10962.
Bourquelot (Émile), 8519.
Bourquelot (Félix), 6513, 11797.
Bourrienne, 9023.
Boursault (Edme), 3902, 11295.
Boursier (Dr), 6630.
Boursier [Louise Bourgeois, dite], 8799.
Bouscatel (Édouard), 973.
Boussaton, 10593.
Boussod, Valadon et Cie, 11946.
Bousson (Ernest), 4706.
Boutaric (E.), 3659.
Boutaric (Edgar), 3170.
Boutauld (Le P.), 9953.
Bouteron (Marcel), 10890.
Boutet (Henri), 4768, 5461, 5462.
Boutet de Monvel (B.), 2941.
Boutet de Monvel (Roger), 4999, 5326.
Boutié (Louis), 674.
Boutiron (Dr E.), 7082.
Boutray (Raoul), 3171.
Bouthays (Rodolphe), 93.
Boutron-Charlard, 1495.
Boutroux (Pierre), 10832.
Bouvard (M.), 2154.
Bouvenne (Aglaüs), 2405, 4556.
Bouvet (Charles), 610, 2404, 5239.
Bouvier (Jules), 7688.
Bouyer (Léon), 7067, 8697.
Bovet (Alfred), 4380.

Boyard (Henri), 6206.
Boy de la Tour (Mme). 10869.
Boyer (A.), 7037.
Boyer (Arthur), 7483.
Boyer (Philoxène), 10594.
Boyer d'Agen (Augustin), 3550, 4533. 7452.
Boymans (F.-J.-O.), 8290.
Boys (Thomas Shotter), 8192.
Brackenhoffer (Élie), 7789.
Bracquemond (Félix), 4350, 4351.
Bradshaw, 224.
Braesch (F.), 785.
Brainne (Charles), 6089.
Bralle, 1458.
Brame (Édouard), 3010.
Braquehaye (Ch.), 619, 7356.
Braquenié (Louis), 4732.
Brasseur (Mme J.), 11947.
Brault (Julien), 10031, 10032.
Braun (Frédéric), 10039.
Braun (Georges), 1525, 7992.
Braun (Th.), 2752.
Brayer (J.), 320.
Brazier (Nicolas), 5089, 5090, 11543.
Bréal (Michel), 10204.
Bréant de Fontenay, 5091.
Bréard (Ch.), 552, 620, 6888.
Breffy (L'abbé), 2346.
Bréguet (Abraham-Louis), 9922.
Brenet (Michel), 2308.
Brès, 1931.
Bressant (J.-B.-F.), 11191.
Bretez (Louis), 1546, 12179.
Brethon (Célestin), 7011.
Bretignière, 6109.
Breton (E.), 1739.
Breton (J.-B.-J.), 7807.
Breton (Paul), 9147.
Breton de la Martinière, 9039.
Brette (Le chanoine), 2381.
Brette (Armand), 721, 722, 732, 740, 741, 2246, 7760.
Bréville (Pierre), 11530.
Bricauld de Verneuil (E.), 10446.
Brice (Germain), 34, 97, 98, 99, 100, 101, 102, 103, 104, 105, 12124, 12125.
Bridel (G.), 2014.
Brièle (Léon), 3051, 3052, 3075, 3076, 3107.
Brière (De), 5684.
Brière (Gaston), 5755, 5771, 5916, 11812.
Brieux (Eugène), 11372.
Briffault (Eugène), 2641, 4923, 5415, 11569.
Brillat-Savarin, 5886, 10898, 10902, 10903.
Brimont (Renée de), 10944.
Brindejont-Offenbach (Jacques), 10595.
Brinn' Gaubast (L.-P. de), 11536.
Briois (De), 4948.
Brion père et fils, 7807.
Brion de la Tour, 5573.
Briquet (Ap.), 10822.
Brisbarre, 8648.
Brissaud (D.), 7097.
Brisse (Baron), 5416.
Brisse (Gaston), 1315.
Brisson (Adolphe), 2821, 4049, 4088, 11159.
Brisson (Émile), 5726.
Brissot (J.-P.), 774, 8989.
Brivois (Jules), 11776.
Brizeux (Auguste), 10596, 11619.
Broc (Vte de), 9051.
Broch (Dr O. J.), 2760.
Brochard (L'abbé Louis), 2422.
Brocherioux (E.), 285, 286.
Broglie (Duc de), 8881, 9034, 9875.
Broglie (Duchesse de), 4841.
Broglie (Emmanuel de), 8936.
Brohan (Madeleine), 3601.
Broisse (J. F.), 6664.
Brongniart (Alexandre-Théodore), 1945, 5544.
Broquelet (A.), 287, 4674.
Broquelet (G.), 287.
Brossard (Ch.), 7761.
Brosse (A.), 1730.
Brosse (Salomon de), 4703.
Brossette (Claude), 10408.
Brotonne (Léonce de), 9788.
Brouardel (P.), 5802.
Brouchoud (Ch.), 7519.
Brown (George), 3349.
Bru (Paul), 3062.
Bruant (Aristide), 10251, 11545.
Bruchet (Max), 7588, 7589, 7625, 7648.
Brué (A.-H.), 5591, 5592.
Brué (H.), 7825.
Bruel (Alexandre), 24, 1553, 2126, 9856
Bruel (F.-L.), 3732, 7553.

Brun (Pierre), 10811.
Brunard (Paul), 3871.
Brune (L'abbé Paul), 9751.
Bruneau (Général), 9213.
Brunel (Georges), 2924.
Brunet (Charles), 3802.
Brunet (E.), 3303.
Brunet (E.), 7213.
Brunet (Emmanuel), 3023.
Brunet (Gaspard), 5917.
Brunet (Gustave), 2504, 8908, 11777, 11778, 11780, 11800, 11852.
Brunet (Jacques-Charles), 11779, 11780, 11781.
Brunet-Debaines (Fortuné), 1897.
Brunetière (Ferdinand), 3607, 11119.
Brunfaut (Jules), 2984, 5001.
Brunies (S.), 8441.
Bruno (Saint), 2486.
Brunon (Général), 989.
Brunschvigg (Léon), 10832.
Brutails (J.-A.), 4611, 4612, 7109, 7110, 7111, 7112, 7150, 7179, 7180, 7181, 7235, 7308, 7335, 7342, 9871.
Bruwaert (Edmond), 4519, 4573.
Bruzen de la Martinière, 10171.
Büchner (Louis), 10141.
Buchon (J.-A.), 675, 2620.
Buchon (J. A. C.), 10142, 10285, 10303.
Budé (Eug. de), 7638, 8391.
Buet (Charles), 7634.
Buffault (Pierre), 1346.
Buffenoir (Hippolyte), 10871, 10872.
Buffon, 10847, 10848, 10849.
Buguet (Henri), 3126.
Buhl (Ad.), 4796.
Buhot de Kersers (A.), 7022.
Buirette (L'abbé), 3350.
Buisson (B.), 7810.
Buisson (J.-B.), 10376.
Buisson (P.), 6979.
Bujon (Pierre), 88.
Bullemont (A. de), 2589.
Buloz (François), 10904.
Bulteau (L'abbé), 6980.
Bunel (H.), 3454.
Bureau (E.), 8049.
Burgaud (Émile), 3304.
Burion (Amédée), 496.
Burnand (Eugène), 11575.
Burnand (Robert), 1965.
Burnouf (Les), 9826.
Burnouf (J. L.), 10361.
Burrus de Daugiran (A.), 1316.
Burtal (A.), 5105.
Busch (D. Moritz), 9216, 9489.
Busnach (William), 11373.
Bussy-Rabutin, 2021, 8829, 8830.
Butler (Alban), 7790.
Busto (Emiliano), 8547.
Buttin (Ch.), 4577.
Byron, 10945, 11590, 11591.
Bywanck (A. W.), 11689.

C

C... (Lieutenant), 1929.
Cabanès (Dr), 3419.
Cabanis, 8932.
Cabrol (Élie), 11374.
Cadet Gassicourt (Ch. L.), 4862.
Cadol (Édouard), 1037, 11365.
Cadoux (Edmond), 585.
Caertner, 2170.
Cagliostro (Le Cte de) (Joseph Balsamo), 8947.
Cagnat (René), 4630, 8696, 9812, 9872, 9934.
Cagnière (A.), 1148.
Cahaigne (Joseph), 3331.
Cahen (Albert), 10814.
Cahen (Léon), 3024.
Cahu (Théodore), 9822, 9823
Cahuet, 11170.
Cailhava (I. F.), 10447, 11309.
Caillet, 9987.
Caillet (Louis), 676, 4598, 7040, 7520, 7521, 8698, 8699, 9965.
Caillette de l'Hervilliers (Edmond), 6595.
Caillot (A.), 3162.
Caillot (Ant.), 3130.
Caillot (Ernest), 6981.
Cain (Georges), 350, 351, 1751, 2053, 2209, 5092, 5486, 12142.
Cain (Henri), 7383.
Caix (Vte de), 8596.
Caix de Saint-Amour (Am. de), 6665.
Caix de Saint-Aymour (Cte de), 6528, 6529, 6584, 6639, 8753, 9545, 9546, 9825, 10261.
Calame (A.), 8420, 8421.

Calhiat (L'abbé Henry), 1149, 1156.
Calidasa, 11510.
Callet (L'abbé J.), 7325, 7327.
Callet (Albert), 572, 3380, 3589.
Callet (Aug.), 9124.
Callet (F.), 2632.
Callet (François), 10008.
Calliat (Victor), 2135, 2315, 2394, 2590.
Callistrate, 10307.
Callot (Jacques), 4519.
Callou (G.), 1837.
Calmettes (Pierre), 8920.
Calvin, 8460, 8723.
Camargo (Marie-Anne de Cupis de), 11192.
Cambert (Robert), 11139.
Cambry, 3117.
Campagne (Maurice), 8700.
Campan (Mme), 6094, 9954.
Campardon (Émile), 27, 3229, 3325, 4554, 5240, 5294, 5311, 8900, 10448, 10449, 10881, 11220.
Campbell (Andrew), 222.
Campions (Les frères), 12255.
Canéto (L'abbé F.), 7456.
Cannet et fils (B.-N.), 2155.
Canonge (F.), 9217.
Canrobert (Maréchal), 9148.
Canziani (Estella), 7590.
Cap (P. A.), 3431.
Capelle (P.), 10372.
Capitan (Jeanne), 1483.
Capmas (Charles), 10833.
Capon (Gaston), 456, 705, 4828, 5361, 8921, 11147, 11195.
Capron (E.), 9218.
Capus (Alfred), 11376.
Caraby (Achille), 9219.
Caraccioli (L.-A. de), 54, 4863.
Caran d'Ache [Emmanuel Poiré], 4082, 9462.
Carbonnier (Paulin), 6904.
Carcano (Mise Landolfo), 11949.
Carcassonne (Adolphe), 11377.
Carcenac de Bourrand, 7483.
Carel (A.), 5375.
Carette (Mme), 9149.
Carey (Ch.), 8707.
Caritte (J.-M.), 5668.
Carles (Le R. P.), 7450.
Carmontelle, 1805.
Carnot (Hippolyte), 775.
Carnot (Lazare), 775, 928.
Carnot (Sadi), 3116, 3455.
Carnoy (Henry), 9752.
Caro (E.), 9220.
Caroline d'Autriche, 3249.
Caroline-Louise de Bade (La margrave), 8954.
Caron (E.), 1908, 3226.
Caron (Pierre), 6171, 11812, 11813, 11835.
Carotti (Jules), 7664.
Carpeaux (J.-B.), 5264, 11950.
Carpentier (Paul), 4445.
Carr (J. Commyns), 11581.
Carr (John), 7776, 8641.
Carré (Henri), 1323.
Carrel (Armand), 10914.
Carrier (Henriette), 3091.
Carrier-Belleuse (Pierre), 4266, 9668.
Carrière (E.-A.), 5693.
Carrière (Eugène), 11951.
Carro (A.), 805, 6497.
Carron (L'abbé), 9827.
Carron (L'abbé Paul), 2360.
Cartier (Alfred), 8457, 9738.
Cartier (Vital), 993.
Carusso (C. D.), 8224.
Cary (John), 8023, 8159.
Casabianca (L'abbé L. M.), 2331.
Casanova de Seingalt (Jacques), 4828, 4889, 4890.
Cassagnac (Granier de), 222.
Cassan (Armand), 6141, 6142.
Cassies des Brulies (G.), 11261.
Cassin (Eugène), 10983.
Cassini, 7866.
Castan (Auguste), 4397, 4613, 7580, 7582.
Castanet (Paul), 11378.
Castellan, 2148.
Castellan (A.-L.), 6442.
Castellani (Ch.), 4267.
Castelli, 9754.
Castelli, 11679.
Castex (Général), 9491.
Castil-Blaze, 5241, 5311.
Castillon [d'Aspet] (H.), 498.
Cathelin (L. J.), 563.
Cattelain (Philippe), 1150.
Cattois (Dr), 7023.
Caubert (Le P. J.), 1269, 1280.
Cau-Durban (L'abbé D.), 8901.

Caumont (Arcisse de), 4615, 4616.
Caussin (Le P.), 8811.
Caussy (Fernand), 10882.
Cauvin (Th.), 6922.
Cavaignac (G.), 600.
Cavailhon (E.), 9222.
Cavell (Miss Edith), 9607.
Cavillon (L'abbé), 6670.
Cayla (V.), 8552.
Caylus (Le Cte de), 10528.
Cayrol (M. de), 8696.
Cayron (Alfred), 11607.
Cazac (H.-P.), 10699.
Cazaux (Dr Marcellin), 7470.
Cazenove (A. de), 9024.
Cazenove d'Arles (Mme), 9024.
Cazes (E.), 5918.
Céard (Henry), 10919.
Cédoz (L'abbé F.-M.-Th.), 2511.
Ceillier (Eugène), 11379.
Celarié (Henriette), 6711, 10835.
Céleste (Raymond), 7275, 7352, 7379.
Célestin, 3500.
Celler (Ludovic), 5242, 11168.
Cellini (Benvenuto), 4818, 8781.
Cerbelaud, 7954.
Cérutti (J.-A.-J.), 6543.
Cervantes Saavedra (Miguel de), 11511, 11607, 11618, 11710.
César (Jules), 9097, 10329, 10330.
Cesena (Amédée de), 288.
Chabert (F.-M.), 6833.
Chabouillet (A.), 3741, 3742.
Chabrillan (Ctesse de) [Céleste Mogador], 9068.
Chabrol-Chaméane (E. de), 1507.
Chadourne (André), 5329.
Chahine (Edgar), 11662.
Chaillot (P.), 11783, 11784.
Chalabre (A.-J.-L. de), 5403.
Chalgrin, 2433.
Chalibert-Dangosse, 5487.
Challamel (Augustin), 637, 819.
Chalon (Louis de), prince d'Orange, 8698.
Chalon (Renier), 11819, 11820.
Chalus (Françoise de), 8916.
Cham [Amédée de Noé], 2715, 4933, 9081, 9828.
Chamard (Henri), 10396.
Chambelland (Claude-Antoine), 9039.
Chambellaud (L.), 1886.
Chamberet (G. de), 1966.
Chambers, 11763.
Chambiges (Les), 1352, 2574.
Chamblay (Marquis de), 1645.
Chambon (Ch.), 7226.
Chambon (Félix), 767, 3753, 10950.
Chamborant (Le Mis de), 8917.
Chambord (Cte de), V. Bordeaux (Duc de).
Chambrier (James de), 4947.
Chamfort [N.-S. Roch], 10850.
Chamillard (Michel de), 8839, 8840.
Chamouin, 2177.
Champeaux (A. de), 573, 1854, 2178, 9816.
Champeaux (Étienne de), 5091.
Champfleury [Jules Husson], 3978, 4358, 4478, 4479, 4949, 4950, 10891, 11550.
Champier (Victor), 2022, 2105, 4758.
Champin, 1673, 4649, 6961, 6967.
Champion (Édouard), 1821, 10911, 10948, 11086.
Champion (Honoré), 9829.
Champion (Maurice), 8701.
Champion (Paul), 5812.
Champion (Pierre), 3808, 4817, 6597, 8762, 8763, 8764, 10386, 10387, 10388, 10390.
Champollion, 10435, 11580.
Champollion (E.), 359.
Champollion-Figeac, 1741.
Champollion-Figeac (J.-J.), 6443.
Chancel (Ausone de), 7725.
Chancherel (Dr Robert), 3399.
Changarnier (Général), 1171.
Chanlaire (P.-G.), 7826, 8057, 8248.
Chantal (Jeanne de), 6240.
Chantelauze (R.), 3346, 3347.
Chantelou (De), 8846.
Chantilly (Mlle de), V. Favart (Mme).
Chanzy (Général), 9223, 9373.
Chapallaz (Robert E.), 8499.
Chapelain (Jean), 10394, 10410.
Chapelle [Claude-Emmanuel Luillier], 10411.
Chaponneau (Jehan), 9830.
Chaponnière (Paul), 10559, 11328.
Chapotin (Le R. P. M. O.), 3506.
Chapperon (T.), 7657.
Chappuzeau (Samuel), 5174.
Chapron (Léon), 4050.
Chapuis (J.-B.), 2151.

Chapuisat (Édouard), 9040.
Chapuy, 379.
Chapuy, 2283.
Charasson (L'abbé Aristide), 6200.
Charavay (Étienne), 733, 8627, 9111, 9831, 9832, 10781.
Charbonnel (Raoul), 5344.
Charbonnier (Joseph), 9224.
Chardin (J.-B. Siméon), 4428, 4520, 12320.
Chardonchamp (Guy), 10883.
Chardon-Lagache, 9833.
Charencey (De), 3174.
Charlemagne, 1946.
Charles VII, 8698.
Charles VIII, 681, 8771.
Charles IX, 5067, 7268.
Charles XII, 9737.
Charles de Lorraine, 11741.
Charles d'Orléans, 8762, 10386, 10387.
Charles-Quint, 5066.
Charlet (N.-T.), 4521.
Charlot (Maurice), 6355.
Charlot (V.), 9225.
Charmasse (Anatole), 7550.
Charmy, 4352.
Charnal (G. de), 5376.
Charolais (Mlle de), 8918.
Charonton (Enguerrand), 6560.
Charot (Médéric), 992.
Charpenne (H.), 635.
Charpentier, 3305.
Charpentier (D[r]), 10172.
Charpentier (Octave), 499.
Charpillon, 6898, 9185.
Charras (Mme), 11952.
Charriaut (Félix), 9226.
Charrière (Mme de) [Belle de Zuylen], 8891, 8919, 11016.
Charrin (P.-J.), 940.
Charruau (Jean), 914.
Chartier (L'abbé F.-L.), 2284.
Chartier (Mathieu), 3189.
Charton (Édouard), 8090, 8095.
Chartres (Le duc de), 9834.
Charvet (Léon), 7600.
Chasles (Michel), 11067, 11068.
Chasles (Philarète), 11532.
Chassaigne (Marcel), 2975.
Chasseloup-Laubat (De), 2892.
Chassevent (Louis), 1964.
Chassin (Ch.-L.), 723, 915, 954.
Chastang (Théodore), 7465.
Chasteignier (Cte Alexis de), 7318.
Chastelain (Le chanoine), 3074.
Chastellux (Cte de), 1339, 6832.
Chateau (Henri), 515.
Château (Jules), 4951.
Chateaubriand (R. de), 608, 2203, 9041, 10905, 10906, 10907, 10908, 10909, 10910, 10911, 10912, 10913, 11086.
Chateaubriand (Mme de), 10912.
Châteauminois (Mlle), 435.
Chatel (Eugène), 3612.
Châtelain (Émile), 3383, 3614, 3695.
Chatelain (U. V.), 8851.
Châtillon (Auguste de), 10597, 10598.
Chatrousse (Just), 9835.
Chaufepié (Jaques), 9748.
Chauliac (A.), 7340.
Chauliac (Charles), 7314, 7320.
Chaulieu (L'abbé de), 10412.
Chaumeil (Louis), 2964.
Chaussard (P. J. B.), 4864.
Chausson (Gabriel), 994.
Chauveau (Le R. P.), 9227.
Chauveau (François), 2486, 4179.
Chauveau junior (François), 10346.
Chauveau-Lagarde, 9833.
Chauve-Bertrand, 4751.
Chauvel (Théophile), 4353.
Chauvet (J.), 359, 2111, 2397.
Chauvigny (Louis de), 10984.
Chauvin (Victor), 3473.
Chauvot (Henri), 7238.
Chavagnac (Cte X. de), 4735.
Chavard (Charles), 6260.
Chavin de Malan (Émile), 1521.
Chazelle (Albert), 7137.
Checci (Cap. Michele), 8351.
Chellinak-Vaernewyck (Vte de), 7554.
Chenal (A.), 5691.
Chenay (Paul), 10660.
Chenesseau (L'abbé Georges), 6968.
Chenevier (P.), 5275.
Chénier (André de), 10529, 10530, 10531, 10532, 10533, 10534, 11705.
Chénier (Joseph de), 927, 10535.
Chennechot (L.-E.), 3139.
Chennevières (Henry de), 4129, 4203.
Chennevières (Philippe de), 4181, 4436.
Chenu (A.), 9092.

Chenu (Me Charles), 9450, 9911.
Cheramy (P.-A.), 11239.
Cherbuliez (Mlle Émilie), 8458.
Chereau (Dr Achille), 3361, 3400, 3420, 3427, 3464, 8799, 10445.
Cherest (M.), 51.
Chéron (Élisabeth-Sophie), 9836.
Cheron (Frédéric), 5813.
Chéron (Paul), 3842.
Cheronnet (D.-J.-F.), 500.
Chérot (Henri), 879.
Cherrier (P.), 411.
Chéruel (A.), 8634, 8835, 8837, 10827.
Chervin (Dr Arthur), 8548.
Chesneau (Ernest), 4524.
Chevalier (L'abbé), 6085.
Chevalier (Alexis), 3077, 3536.
Chevalier (Mgr C.), 7019, 9228.
Chevalier (C.), 1720, 2250.
Chevalier (C.), 10023.
Chevalier (Ulysse), 11821.
Chevallier (A.), 1406.
Chevillard (Valbert), 273.
Chevin (L'abbé), 7738.
Cheysson (E.), 995.
Chinard, 4354.
Chincholle (Charles), 1151.
Chintreuil (Antoine), 11953.
Chirac (Auguste), 9463.
Choderlos de Laclos, 1821.
Choderlos de Laclos (Le commandant), 10984.
Chodruc Duclos, 1354.
Choiseul (Le duc de), 8508, 8892, 8920.
Choiseul-Meuse (Mme de), 4865.
Chomel, 4835.
Chouvet (Dr), 5094.
Choullier (Ernest), 6504.
Choumara (Th.), 1638.
Chouquet (Gustave), 5143, 5144.
Chrétien (L'abbé), 6646.
Christian (Arthur), 536, 3809, 3810, 11785.
Christian (P.), 586, 1673, 9229.
Christine de Pisan, 6210.
Christine de Suède, 8850.
Christophe (Saint), 10587.
Christophle (Albert), 8702, 10599, 10600.
Chuberé (Claude-Louis de), 2031.
Chuquet (Arthur), 852, 9052.
Chuyes (De), 95, 96.
Ciceri (Eugène), 1187.
Cicéron, 10332, 10333.
Cim (Albert), 11897.
Cimber (L.), 8606.
Circourt (Adolphe de), 9085.
Cirot de la Ville (L'abbé), 7337.
Civiale (A.), 7591, 7791.
Civrieux (Cdant de), 9557.
Clairambault, 11546.
Claibin (Émile), 3172, 3173.
Clairin (P.), 10243.
Clament (Clément), 10668.
Claparède (A. de), 4757, 8079.
Clarac (Cte de), 1903, 4168.
Claretie (Georges), 3237, 3238.
Claretie (Germaine), 1747.
Claretie (Jules), 781, 782, 998, 999, 2088, 3815, 4952, 5161, 5921, 6839, 6840, 6891, 8108, 8882, 9126, 9464, 10520, 11145, 11184, 11668.
Claretie (Léo), 5002, 5003, 12153.
Claris (Gaston), 3532.
Clary (A.), 7413.
Claudin (A.), 3811.
Claudin (Gustave), 4051, 4052.
Clausse (Gustave), 12274.
Clavel d'Haurimonts, 10526.
Claye (Anatole de), 9837.
Clegg (James), 11877.
Clemen (Paul), 9558.
Clémencet (Dom Charles), 6237.
Clément (Charles), 6717.
Clément (Félix), 2318, 11531.
Clément (J.-B.), 1151.
Clément (J.-M.-B.), 173.
Clément de Ris (Cte L.), 1831, 4122, 4188, 4189.
Clément-Janin, 4527, 10560, 10661, 11635.
Clément-Simon, 7239.
Clerc (Le P. A.), 1269.
Clerc (V. A.), 9789.
Clerc-Rampal (G.), 4207.
Clère (Jules), 1153, 9791, 9794.
Clermont (Le comte de), 8883, 8884.
Clermont-Tonnerre (E. de), 8914.
Clerval (L'abbé), 6982.
Clésinger (J.-B.-A.-S.), 12029.
Clinchamp (Ctesse Berthe de), 6557.
Clodion, 4115, 4116.

Clouard (Maurice), 10732.
Clouzot (Étienne), 6758, 8718.
Clouzot (Henri), 4105, 4704, 6947, 7426.
Cluseret (Général), 1154, 2634.
Cocheris (Hippolyte), 46, 3986, 5068, 9838.
Cochin, 1974.
Cochin (Augustin), 5567.
Cochin (Charles-Nicolas), 8893, 12027.
Cochin (Denys), 11954.
Cochin (Henry), 9471, 9559.
Cochon (Jules), 7592, 9925, 11898.
Cocks (Charles), 7177.
Codet (Louis), 11638.
Cody (Le Col William F.), 9839.
Coello (F.), 12408.
Coët (Émile), 6530, 6591, 6592, 6593, 6594, 6698, 6703, 6783, 6784, 6785, 6786, 9840.
Coëtlogon (Cte A. de), 14.
Coffignon (A.), 5005, 5417.
Cognel (François), 706.
Cohen (Henry), 11786, 11787.
Coigny (Aimée de), 8990.
Coindre (Gaston), 539, 8711, 9470.
Cointereaux, 316, 317.
Cointreau (A.-L.), 3743.
Coitier (Jacques), 3420.
Colas (L'abbé Eugène), 6062, 6063.
Colas (Louis), 4617.
Colas (René), 574.
Colau (P.), 9003.
Colbert (Jean-Baptiste), marquis de Torcy, 8831.
Colbert (Jules-Armand), marquis d'Ormoy, 8849.
Coleman (Mme), 11955.
Colet (Louise), 8991, 10450.
Colette, 4352.
Coligny (Charles), 2110.
Coligny (Gaspard de), 8787.
Colin (Paul-Émile), 11953.
Collardeau (Ph.), 5167.
Collas (Émile), 8778.
Collé (Charles), 8894, 8895, 11311.
Colletet (François), 106, 3892, 10400.
Colleville (Cte de), 11516.
Collignon (L'abbé), 2425.
Collin (L'abbé), 8869.
Collin de Plancy, 8256.
Collin d'Harleville, 11310.
Colmont (Achille de), 1155.
Colnet (Charles), 4884, 4885.
Colomb (Christophe), 4757, 8727.
Colomb (Fernand), 3785.
Colomb (G.), 7557.
Colombi (P.), 8387.
Colombier (Marie), 11227, 11228.
Colonna Ceccaldi (T.), 1000.
Colson (Mlle Angèle), 6712.
Colson (J. B.), 5175.
Colson (R.), 4474.
Colton, 8050.
Comartin (Octave), 6111.
Combarieu (Jules), 5338.
Combaz (Paul), 6667.
Combel (Jules), 9560.
Combes, 5922.
Combes (François), 3553.
Combes (L.), 7282.
Commanville (Caroline), 10927.
Communay (A.), 7240.
Comte (Ch.), 3369.
Condé (Louis II de Bourbon, prince de), [le grand Condé], 8698.
Condé (Baron de), 6644.
Condé (Le prince de), 6359, 6360, 6361, 6362.
Condillac (Étienne Bonnot de), 10143.
Conegliano (Duc de), 9897.
Constable, 8568.
Constant (L'abbé), 5364.
Constant (Benjamin), 8991, 8992, 9042.
Constant (Charles de), 8993.
Constant (Charles), 6444.
Constant (Rosalie de), 9841.
Constant de Rebecque (David-Louis, baron de), seigneur d'Hermenches, 8891.
Constant de Tours, 252, 253, 7098.
Constantin (Vte de), 8520.
Contades (Louis-Georges-Érasme, marquis de), 8963, 8995, 9842.
Contades (Cte de), 8995, 9842.
Contans (D. Guillaume), 9861.
Conte, 11570.
Conte (Édouard), 5406.
Conty (Le prince de), 8921.
Conty (A. de), 306, 8183.
Cook, 8184.
Coolus (Romain), 11380.
Cooper (William Earnshaw), 10159.
Copin (Alfred), 2054, 9206, 10454, 11224.

Coppée (François), 10601, 10602, 10603, 10604, 10605, 11708.
Coppier (J.), 7669.
Coquelin (Constant), 5225, 11466.
Coquelin cadet [Ernest], 7693, 11070, 11071, 11369, 11466.
Coquelle (F.), 6886.
Coquelle (P.), 5816, 5817, 5818, 6113, 6160, 6171, 6172, 7493, 8703, 8930.
Coquiot (Gustave), 4053, 4564, 4721, 5035.
Corbel (Henri), 5709, 5710.
Corbin (L'abbé), 7330, 7331.
Corbin (Raymond), 7114.
Corblet (L'abbé Louis), 4618.
Corday (Charlotte), 776, 777, 778, 7245, 8981.
Corday (Michel), 2822.
Cordey (Jean), 3956, 6526.
Cordier (Henri), 3521, 3542, 8521, 8883, 9821, 9843, 9908, 10853, 10976, 11307, 11311, 11864.
Cordova, 10979.
Corlieu (Dr A.), 3401, 5402, 8647, 12280, 12281.
Cormier [de Tours], 11957.
Cormon (Bartholomeo), 10268.
Corneille (Marie), 10884.
Corneille (Pierre), 10413, 10414, 10415, 10416, 10417, 10418, 10500.
Corneille (Thomas), 10414.
Corneio (Pierre), 689.
Cornelius Nepos, 10335.
Cornilleau (Robert), 9561.
Cornu (Paul), 6302.
Cornudet (Léon), 2464, 9054.
Cornudet (Michel), 1002.
Corréard (Alexandre), 7143.
Corret (Pierre), 2923.
Corriez (Paul), 1217.
Corroyer (Édouard), 4675, 6909.
Corrozet (Gilles), 28, 29, 30, 31, 32, 34, 2426, 12119.
Corsin (Eugène), 7739, 7740.
Cortambert (E.), 8006.
Cortez (Fernand), 8562.
Corval (René de), 224.
Corvin (Matthias), 11688.
Coryate (Thomas), 680, 12393.
Cosnac (Cte de), 2016, 8814.
Cosserat (Lucien), 6024.
Cosseron de Villenoisy (Général), 1652, 9835.
Cosseron de Villenoisy (F.), 7806, 9969, 9970.
Cossonnet (F.), 6051, 6207.
Costa de Serda (E.), 9278.
Costaz (L.), 2695.
Coste, 53.
Cotard (Ch.), 2812.
Cotteau (Edmond), 8101, 8536, 8537.
Cotteau (Gustave), 9844.
Cottet (Charles), 11755.
Cottin (Paul), 3255, 3947, 3948, 8704.
Cottinet (Edmond), 10606.
Cottreau (Marcel), 11958.
Couailhac (L.), 3430.
Couailhac (Victor), 11207.
Coüard (E.), 5819, 5820, 5864, 5865, 5923, 6105, 8962.
Coüard-Luys (E.), 6531.
Couché fils, 2171, 2212.
Couderc (C.), 6077.
Couderc (Jean), 424.
Coudray (L.-D.), 6990.
Couët (Jules), 5176, 8956, 10963, 10965.
Cougny (G. de), 7020.
Cougny (Gaston), 9798.
Coullié (L'abbé), 1159.
Coulon (Henri), 3881.
Couperin (Les), 610.
Courajod (Louis), 1887, 2323, 4106, 4176, 4220, 5753, 6293, 8337, 9845.
Courbet (Gustave), 4355, 5429, 9230, 11959.
Courbet (Pierre), 7989.
Courboin (Eugène), 1011, 2940, 2941.
Courboin (François), 3733, 3734, 4466, 11631, 11733, 12382.
Courcel (Georges de), 3904.
Courcelles (Chevalier de), 9753.
Courcy (Alfred de), 443.
Couret (A.), 3307.
Couret (Émile), 3332.
Courier (Paul-Louis), 9846, 10914, 10915, 10916.
Courrière (Paul-Henry), 9565.
Courson (Vte de), 9048.
Courson (Aurélien de), 9048.
Courtalon (L'abbé), 8129.
Courteault (Paul), 7150, 7151, 7152, 7200, 7321, 7377, 10612.

Courteline (Georges), 11381.
Courtellemont (Gervais), 2181, 5925, 9601, 11661.
Courtin (Aug.), 11960.
Courtot (A.), 8678.
Cousin (Jehan), 8792, 9847.
Cousin père (Jehan), 5796, 8792.
Cousin (Jules), 341, 534, 1363, 1522, 1662, 2070, 2532, 3682, 4248, 5428, 8884, 11747, 12249.
Cousin d'Avallon, 1663.
Cousin de Courchamps (P.-M.-J.), 2148.
Coustou (Guillaume), 4116.
Coutans (Dom), 5588.
Coutant (Henry), 2011.
Couteaux (Jean), 3025.
Coutil (Léon), 6895.
Couture (Thomas), 11953.
Couturier de Vienne (A.-F.), 3495.
Couveley (A.), 6869.
Coyecque (Ernest), 27, 682, 1516, 1523, 2282, 3078, 3670, 3671, 3773.
Cradock (Mme), 7793.
Crafty [Victor Geruzez], 4804, 4805, 4806, 5408.
Cramail (Alfred), 6286, 6420.
Cramer (Lucien), 8392.
Cramouzaud (Eugène), 392.
Craon (Princesse de), 2148.
Crauzat (E. de), 3064, 4572.
Crémieux (Adolphe), 9181.
Crépet (Christophe), 7523.
Crépet (Eugène), 10985.
Crépin (Eugène), 1294.
Cresson (L.), 1003.
Creuzet (Émile), 6065.
Crèvecœur (Robert de), 845.
Crevier, 8594.
Croisset (Francis de) [Francis Wiener], 11382.
Croix (Chanoine de), 6713.
Croqueville, 2943.
Crottet (E.), 11786.
Crouigneau (Dr Georges), 2772.
Crozes (L'abbé), 1280.
Crozes (Hippolyte), 7484.
Cruyl (Liévin), 2188.
Cuchetet (Charles), 8393, 10607, 10608.
Cuisin (P.), 4887, 4888, 4891, 5441.
Cunéo d'Ornano, 9110.
Cunéo d'Ornano (Lt Cel), 9231.
Cureau (Guillaume), 619.
Curel (Vte François de), 11383, 11962.
Curinier (E.), 9756.
Curisseau, 7504.
Curmer (Albert), 8917.
Curzon (Henri de), 3339, 3659, 5214, 5296, 11529.
Cusance (Béatrix de), 3249.
Cussy (Le chevalier de), 9492.
Cuvier (G.), 5544.
Cuvillier-Fleury, 8909.
Cuvillier-Fleury (Mme Juliette), 10192.
Cyrano Bergerac (Savinien de), 10757, 10758, 10808, 10809, 10810, 10811, 10812.

D

Dablin (Paul), 8705, 9835, 11964.
Dabrin (Michel-Paul), 9882.
Dacier (André), 10311.
Dacier (Émile), 4255, 4535, 4566, 4567, 5177.
Da Costa (Gaston), 1160.
Dagail (Louis), 7214.
Dagnan (H.), 621.
Dagron, 1079.
Daguerre (L.-J.-M.), 10024.
Dalichoux (Auguste), 9232.
Dalligny (Aug.), 4785.
Dallington (Robert), 8791.
Dally (Dr Philippe), 528.
Dalsème (A.-J.), 1004, 1145, 1161.
Daly (César), 5288.
Damas Hinard (H.), 11517.
Dambrine (L'abbé), 5676.
Dame (Frédéric), 1162.
Damiens (Robert-François), 8886.
Dancourt [Florent Carton, sieur d'Ancourt], 11133, 11312, 11313.
Dandelot (A.), 5145, 5341.
Danet (Pierre), 10346.
Dangeau (Marquis de), 8832.
Dangeau (Louis), 10861.
Danicourt (Ernest), 6771.
Daniel (L'abbé), 3484.
Daniel (André), 9465.
Daniélo, 2514.
Danjou (F.), 8606.
Dantan jeune, 4356, 4357.
Dante Alighieri, 11619, 11620, 11711.

Danton (Georges-Jacques), 779, 780.
Dapples (Aug.), 9131.
Daragon (Henri), 1311, 1312, 1313, 1314, 1315, 1316, 1317, 1318, 9458.
Darantière (Charles), 11459.
Darblay (Aymé), 6065.
Darboux (Gaston), 3578.
Darboy (Mgr), 1190, 2606.
Darcel (Alfred), 4191, 4481.
Dard (Émile), 786.
Darimon (Alfred), 9128, 9233.
Darlet (A.), 9234.
Darley (Dom E.), 7315.
Darmesteter (Arsène), 10228.
Darney (Georges), 5448, 5711, 6303, 6491.
Darras (E.), 6116.
Darsy (E.), 9755.
Dartein (F. de), 1763, 1774.
Dartès (Émile), 11017.
Daru (P.), 9733.
Darzens (Rodolphe), 5007, 5320.
Dassé (L'abbé), 6053, 9977.
Dast Le Vacher de Boisville, 7099, 7284.
Dauban (C.-A.), 772, 793, 1163, 3292, 9049.
Daubigny (Ch.-Fr.), 4923, 6088, 8421.
Daudet (Alphonse), 5057, 10919, 10920, 11384.
Daudet (Ernest), 1164, 5005, 5006, 8977, 9060, 9067, 9493, 9566.
Daudet (Lucien-Alphonse), 9100.
Daullé (J.), 10351.
Daumas (Général), 7725.
Daumier (Honoré), 4358, 4359, 4360, 4923, 4933.
Daunay (Fernand), 1471.
Dauphinot (Simon), 9235.
Dausset (Louis), 2008.
Daussy (Paul), 6598.
Dauzat (Albert), 349, 8394, 9567.
Daveluy (A.), 10211.
Davesiès de Pontès (Lucien), 72.
David (Louis), 4361, 11965.
Davignon (H.), 9568.
Davillier (Bon Ch.), 11204.
Davin de Champclos (G.), 7888.
Davioud (J.-A.-G.), 2594, 5288.
Davity (Pierre), 7993, 7994.
Davout (Le Maréchal), 9848.
Davray (Jules), 5011.
Dawant (A.), 9919.
Dayot (Armand), 4521, 4575, 4585, 11768, 12320.
Dazincourt, 11208.
Deanery, 8202.
Debacq (Dr A.), 9569.
Debans (Camille), 2773, 4054.
Debeney (Général), 9640.
Déborde de Montcorin (E.), 1707, 8630, 9531, 10720, 10784, 11002.
Debove (G.-M.), 2455.
Debray (N.-A.-G.), 180.
Debrit (Marc), 9237.
Debucourt (P.-L.), 4362, 4522, 4523.
Deburau (J.-B.-G.), 5289, 5290.
Décembre-Alonnier, 2156, 9754.
Déchelette (François), 9570.
Déchelette (Joseph), 4598.
Decloux, 2309.
Decloux (L.), 11966.
Decoppet (A.), 2521.
Decori (Félix), 5280, 10731.
Decourdemanche (J.-A.), 9961.
Dedaux, 1992.
Defauconpret (A.-J.-B.), 11601.
Defourny (L'abbé), 9238.
Defrance (Eugène), 707, 777, 1843.
Defresne (Arsène), 8651.
Degas (Edgar), 11967.
Degeorges (Hector), 7574.
Deguerry (L'abbé), 1200.
Deharme, 12184.
Deharme (E.), 7936.
Dehérain (P.-P.), 10003.
Dehodencq (Alfred), 9849.
Dehodencq (Edmond), 9849.
Déjazet (Virginie), 11193, 11194.
Dejean (Oscar), 7400.
Dejob (Ch.), 3539.
Delaborde (Vte Henri), 3735.
Delabrousse (Lucien), 9889.
Delachenal (R.), 3205.
Delachenalle, 1165.
Delacroix (Eugène), 4363, 4524, 10986.
Delafons (Claude), 6714.
Delafosse (Jules), 9168.
Delahache (Georges), 6846.
Delair (Paul), 11385.
Delalain (Édouard), 1005.
Delalain (Paul), 3812, 3851, 4794.

Delamarche, 7986, 8040, 8051.
Delamare (Nicolas), 1545, 3252, 3253.
Delamonce, 123.
Delamothe (L.), 7118.
Delangle (Stanislas), 4915.
Delaporte (Paul), 4752.
Delaporte (Le P. Victor), 3541.
Delarc (L'abbé), 12262.
Delaroche (Paul), 4364.
Delaroche-Vernet (André), 9403.
Delaroff (Paul), 11968.
Delaspre (H.), 2941.
Delâtre (Eugène), 507, 508.
Delaunay (Ferdinand), 6956, 9240.
Delaunay (H.), 3623.
Delaunay (L.-A.), 8706.
Delaunay (Louis-Arsène), 11232.
Delaunay (Dr Paul), 3092.
Delavigne (Casimir), 10609.
Delaville Le Roulx (Joseph), 9850.
Delayant (L.), 7074.
Del Balzo (Carlo), 5010.
Delbée (Mme Jean), 6189.
Delcamp (André), 5096.
Delcourt (Maurice), 11728.
Delcourt (Pierre), 5377.
Delebecque (A.), 8501.
Delécluze (J.), 11619.
Delécraz (Antoine), 1324.
Delègue (René), 3382.
Délerot (E.), 5866, 5878, 11582.
Delescluze (Louis-Charles), 1273.
Delespine (Pierre-Jules), 2640.
Delesse, 1390, 1393.
Delessert (Baron Benjamin), 9851.
Delessert de Mollins (E.), 6558.
Deleuze (Joseph-Philippe-Fr.), 3434.
Delignières (Émile), 6768.
Deligny (Général), 9241.
Delille (L'abbé), 4711, 10536, 10537.
Delion (Paul), 1166.
Delisle (Guillaume), 8032.
Delisle (Léopold), 7, 3496, 3683, 3695, 3724, 3725, 6106, 8620, 10987, 11695, 11793, 11822, 11865, 11866, 11867, 11868, 11900, 11901.
Delmas (L'abbé), 1167, 1168.
Delmas (Émile), 9242.
Deloche (Maximin), 8807.
Delon (Charles), 587, 11901.
Deloncle (Charles), 5888.
Delorme (E.), 6074.
Delorme (Hugues), 11636.
Delorme (J.-S.), 6266.
Delorme (Philibert), 4638, 4704, 6482.
Delorme (René), 5178.
Delort (J.), 5488.
Deloye (Aug.), 7691.
Delpech, 2170.
Delestraint (Cdant), 9640.
Delpeuch (Le P. L.), 7324.
Delpit (Jules), 7393, 8935, 9852.
Delprat (Édouard), 10780.
Delsart (H.-M.), 501.
Delteil (Loys), 4467, 11788.
Delvau (Alfred), 576, 955, 1484, 1631, 4055, 4056, 4057, 4058, 5365, 5429, 5430, 5431, 8707, 10252, 10988, 10989, 10990, 11650, 12259.
Delville (F.), 6182.
Demaison (Maurice), 1325.
Demangeat (Charles), 10066.
Demay (G.), 5454.
Demonts (Louis), 4158, 4195.
Demoraine, 11627.
Démosthène, 10286.
Demoustier (Charles-Albert), 10000.
Démy (Adolphe), 2443, 2703.
Dénecourt (C.-F.), 6445, 6446, 6447, 6448, 6449, 6453.
Denéfle (Henri), 3383
Denière (G.), 2657.
Deniker (J.), 10173.
Denis (Saint), 2254, 10382.
Denis, 12180.
Denis (Ferdinand), 11789.
Denis (L.), 134, 172, 1610, 5489, 5490.
Denise (Louis), 3435.
Dénoix des Vergnes (Fanny), 6897.
Denormandie (M. E.), 436, 9494, 9495.
Denys (L'abbé A.), 956.
Denys d'Halicarnasse, 10287.
Dronna (W.), 7627.
Dépagniat (Roger), 4801.
Deparcieux, 1431.
Depas (Edmond), 3064.
Deperthes (E.), 2593.
Depping (J.), 582, 767, 2499, 3512, 6026, 6064, 6094, 6114, 6160, 6235, 6329, 6533, 6534, 8652, 8708, 8709, 8710, 8717, 9804, 10275, 10276.
Depping (G.-B.), 2652, 8854.

Déprez (Eugène), 1356.
Deraine (Émile), 6696.
Deraisme (Maria), 9853.
Deramey (L'abbé J.-P.), 1007.
Derheimer (Victor), 9243.
Derobert (L.), 2140.
Déroulède (Paul), 9244, 2610.
Deroux (Abel), 9245.
Deroy (A.), 7147.
Deroy (J.-L.), 2170, 5491, 7147.
Deroy (Léon), 3239, 6450.
Deroy (Maurice), 6480.
Deroye (Lucien), 464.
Derrick (Thomas), 9681.
Derwies (Serge von), 11969.
Desarbres (Nérée), 4052, 5244.
Désaugiers (A.), 11554, 11555.
Desbordes-Valmore (Marceline), 10611, 10612.
Desboulmiers (J. Auguste Jullien), 5276, 5313.
Desbrosses (L.), 1008.
Desachy (Paul), 4046, 4889.
Desbarolles (Adolphe), 8395, 8396.
Desbœufs (Capitaine), 9025.
Desbœufs (Charles), 9025.
Descamps (Marcel), 10613.
Descartes (René), 2494, 10144.
Descauriet (Auguste), 1624.
Descaves (A.), 11071.
Descaves (Eugène), 11970.
Descaves (Lucien), 1009, 9083, 11018, 11386 bis.
Deschamps, 9761.
Deschamps (Marie-Anne), 11195.
Deschamps (P.), 11750.
Deschanel (Émile), 10281, 11072, 11073.
Deschanel (Paul), 9571, 9572, 9811, 10697.
Deschartes (Urbain), 3688.
Deschaumes (Edmond), 343, 1011.
Deschiens, 11823.
Des Cilleuls (Alfred), 2533, 2534, 2618, 2628.
Desclée (Aimée), 11196.
Desclozeaux, 8795.
Descombes (Louis), 458, 463.
Descombes (Paul), 7815, 7816, 7817.
Descudier (Alfred), 5442.
Deseine, 4392.
Deseine (Claude-André), 9835.
Des Essars, 9998.
Des Essarts, 5179.
Desfontaines (L'abbé Guyot), 43.
Desfontaines (Jules), 8099.
Desforges (Étienne), 6330.
Desfriches (Aignan), 8886.
Des Granges (Ch.), 1269.
Desgranges (Charles-Marc), 11152.
Deshairs (Léon), 2064, 6132.
Deshayes (E.), 4252.
Deshoulières (Mme et Mlle), 10419.
Deshoulières (F.), 2437, 4619.
Desjardins (Gustave), 5928, 9246.
Deslys (Charles), 3019, 7593.
Des Maizeaux, 9748.
Desmarais (P.), 3766.
Desmarest, 8031.
Desmaze (Charles), 2024, 2909, 3206, 3216, 3277, 3281, 3355, 3384, 4537, 4538, 6656, 6716, 8653.
Desmoulins (Camille), 781, 782, 8720.
Desnoiresterres (Gustave), 4845, 8654, 10539
Desnos, 7782.
Desnoyers (L'abbé), 6969, 6973.
Desnoyers (Jean), 7006.
Desnoyers (Louis), 4915.
Desormeaux (A.), 5670.
Despatys (Pierre), 4242.
Des Perrières (Carle), 4050.
Despierres (Mme G.), 1783, 4707.
Despines fils (Dr Constant), 7670, 7671.
Desplaces, 11625.
Despois (Eugène), 10433, 11121.
Desportes (Félix), 8453.
Desportes (Philippe), 10394.
Despréaux (Jean-Étienne), 11233.
Després, 10364.
Desprez de Boissy (Ch.), 11137.
Desrues (Antoine-François), 3237.
Desrues (François), 11748.
Dessaint (Ernest), 6425, 6426.
Dessaix (Général), 1952.
Dessaix (Joseph), 7635.
Dessat (Lt), 916.
Destailleur (Hippolyte), 2179, 4640.
Destouches (Néricault), 11314.
Destrée (Jos.), 8269.
Destrem (Jean), 4207.
Destruissart (L'abbé Thomas), 5681.
Dethomas (Paul), 9043.

Desvernay (Félix), 7524.
Detcheverry (Arnaud), 7378.
Devambez (André), 11755.
Devaureix (Général), 9247.
Devert (H.), 1554, 1555, 1556, 1557, 1558, 1559.
Devès (L.), 10843.
Devienne, 2451.
Devienne (Dom), 7153.
Deville (A.), 1836, 3273.
Deville (Étienne), 3905.
Deville (J.), 2915.
Dewey (Melvil), 11895.
Dezallier d'Argenville, 128, 129, 130, 131, 132, 133, 5493, 5494, 5495.
Dezallier d'Argenville fils (A.-N.), 4393.
Dezeimeris (Reinhold), 7115, 7244, 7247, 10789.
Dezobry (Commandant), 5772.
Dezobry (Charles), 9755.
Dhainant (Mme), 11971.
Dhanys (Marcel), 10884.
Diane de Poitiers, 6988.
Diaz (Leopoldo), 10614, 10615.
Diderot (Denis), 3915, 8902, 10145.
Didot (Ambroise Firmin), 3775, 3787, 9847.
Didron, 2417.
Didron, 6179.
Didron aîné, 5245.
Dien (Charles), 10040.
Dieudonné (Gabriel), 5641.
Dieuleveut (J.-E.), 9248.
Diezmann (Dr A.), 1671.
Digard (Anicet), 5867.
Dignat (L'abbé Odon), 7170.
Dillon (Arthur), 1822.
Dimier (Louis), 2090, 4408, 4708, 6451, 6859, 8781, 9573, 9574, 9575, 9576.
Dinet (René), 11676.
Dino (Duchesse de), 9069.
Diodore de Sicile, 10288.
Diogène Laerce, 10289.
Diolot, 384, 385.
Dion (Cte Adolphe de), 4610, 6037, 6180, 6181, 6182, 6186, 6239, 6273, 6534, 6993, 9854.
Dion Cassius, 10290.
Ditsch (E.), 6514.
Dixon (William Hepworth), 8543, 9466.
Dixon (W. Macneile), 9577.
Dodeman (Charles), 3859, 3860.
Dodillon (Émile), 1012.
Dody (Ariste), 10193.
Dogny (Dr), 3108.
Doigneau (E.), 6508.
Dolffus (Jean), 11972.
Dolivet (Charles), 1013.
Dollfus (Paul), 11019.
Dolot (Ctesse G.), 1752.
Dombrowski, 1278.
Domenech (Emmanuel), 3882.
Dommartin (Général de), 859.
Doniol (A.), 12154.
Donis (A.), 7242.
Donnay (Maurice), 10457, 11386, 11386 bis.
Donnet (Mgr), 7325, 7388, 7389.
Donnet (Alexis), 5097, 5098, 5099, 5497, 7827.
Dorat (Le chevalier), 10538, 10539.
Dorat (Jean), 10394.
Dorbec (Prosper), 2071, 4251, 4409.
Dorchain (Auguste), 10698.
Doré (Gustave), 381, 1172, 1856, 4365, 5515, 8546, 11709, 11710, 11711, 11712, 11713, 11714.
Doré fils (P.), 393.
Doré (Robert), 3662.
Dorez (Léon), 15.
Dorigny (Charles), 8397.
Dorimon, 10458, 10466.
Dorré (L.), 1822.
Dorval (Marie), 11197.
Douarche (A.), 3235, 3385.
Douay (Edm.), 1174.
Double (La collection), 4381.
Double (Lucien), 4280, 6277.
Doublet (Jacques), 5739.
Doucet (Camille), 10616, 11387.
Doucet (Jérôme), 2912, 7036, 11973.
Douet d'Arcq (L.), 2310, 6777.
Doumergue (E.), 8460, 8461, 8462, 8463.
Doumic (René), 10700.
Dourlent (L'abbé), 6670.
Doury, 2309.
Drack (Maurice), 11300.
Dralet (C.), 1562.
Dranem [Armand Ménard], 11545.
Draner [Renard], 1014.
Drapier (J.), 3942.

Dreiling (Raymond), 6727.
Dréo (A.), 9175.
Dréolle (Ernest), 974.
Dreyfous (Maurice), 900, 4954.
Dreyfus (Abraham), 11388.
Dreyfus (Alfred), 9445, 9446, 9447, 9448, 9449, 9450, 9456.
Dreyfus (Carle), 4192.
Dreyfus (Robert), 5100.
Driden (Elizabeth), 274.
Dronsart, 441.
Dronsart (Marie), 9166.
Drot, 310.
Drouart (Maurice), 2182.
Drouet, 9771.
Drouet (Juliette) [Juliette-Joséphine Gauvain], 10650, 10652, 10667, 10671, 10674.
Drouyn (Léo), 7100, 7116, 7117, 7118, 7318, 7323, 7412, 7439, 7443, 7445, 9855.
Droz (Alfred), 3240.
Dru (Léon), 8589.
Druart (H.), 5369.
Drujon (Fernand), 11816, 11817.
Drumont (Édouard), 341, 538, 539, 4059, 5063, 8711, 8812, 9467, 9468, 9469, 9470, 10829.
Duban (Cel Ch.), 9151.
Duban (F.-L.-J.), 1890.
Du Barail (Général), 9152.
Dubarle (E.), 3386.
Dubarreau (F.), 1999, 7399.
Du Barry (Mme), 3788, 8922, 8923, 8924, 8925, 8926, 8927, 8928, 8929.
Du Bartas (Salluste), 10395.
Du Bellay (Joachim), 10396.
Duberry (E.), 5185.
Dubois (Ambroise), 6457.
Dubois (Charles), 1015, 5781.
Dubois (Gérard), 2256.
Du Bois (Louis), 10836.
Dubois (Lucien), 1016.
Dubois aîné (P.-F.-L.), 1897.
Dubois-Corneau (Robert), 1357, 6047.
Dubois de l'Estang, 810.
Dubois de Saint-Gelais, 710.
Du Bois Halbran (G.), 7379.
Du Bois-Melly, 9738.
Dubos (Pre-Ant.-Rom.), 1873, 1874, 1875.
Dubosc (Georges), 6825, 10418.
Du Bourg (Dom), 2235, 2263.
Du Bourg (Le chancelier), 10394.
Du Breul (Dom Jacques), 33, 35, 36, 9856.
Dubs (Edmond), 9580.
Dubuisson-Aubenay, 6860.
Duc, 4736.
Du Caire (Noël), 3671.
Du Camp (Maxime), 957, 1175, 3026.
Du Cange (Charles du Fresne, sieur), 10207.
Ducarme, 2170.
Du Casse (Baron), 9241, 9251.
Du Castre d'Auvigny (J.), 43.
Ducaunès-Duval (Ariste), 9004.
Du Caurroy (A.), 10067.
Du Cerceau (Le R. P.), 8712.
Du Cerceau (Jacques Androuet), 2076, 4639, 4640, 4641.
Duchaine (L'abbé), 588.
Duchalais (A.), 6403.
Duchesne aîné, 3707, 3736, 4124.
Duchesne (Alphonse), 5459.
Du Chesne (André), 4642, 4643.
Du Chesne (François), 4643.
Duchesne (Henri-Gaston), 1922, 2512, 5647, 5652, 8918.
Du Cheyron (Commandant), 7732.
Ducis (J.-F.), 10540, 10541, 10542, 10543.
Duclaux (Émile), 3471.
Du Cleuziou, 4644.
Duclos (Charles Pinot), 8896.
Duclos (L'abbé H.), 6284.
Duclos [de l'Ariège] (H.), 11103.
Ducos (Armand), 7245.
Ducoudray (Le P. L.), 1269.
Ducourneau (Alex.), 7101.
Ducray-Duminil, 12376.
Ducrest, 1472.
Duchet (Édouard), 4060.
Ducros (Emmanuel), 4285.
Ducrot (Général), 1017, 9252, 9373.
Duesberg (Jos.), 6295.
Dufay (Dr Charles), 10901.
Dufay (Pierre), 2103, 4891, 5455, 7000, 7006, 10564, 10578, 10657, 10664.
Du Fayl (Ezvar), 5246.
Dufey (P.), 175, 3308, 4892, 5498, 12133.
Duflot (Joachim), 5101.

Dufort de Cheverny, 6368.
Du Fossé, 6240.
Dufour (A.), 691, 6063, 6065, 6067, 6068.
Dufour (Jean-Jules), 1773, 2685, 11637.
Dufour (J.-M.), 4851.
Dufour (Louis), 10873.
Dufour (Philippe), 5009, 11637.
Dufour (Théophile), 10867.
Dufour (L'abbé Valentin), 575, 2266, 2388, 3133, 3160, 4107, 6754, 12130.
Dufournet (Antoine), 5722.
Dufresny (Charles Rivière), 11315.
Du Guay-Trouin, 8897.
Dugué (Ferdinand), 10617, 11389.
Dugué de la Fauconnerie, 9496.
Duguet (Édouard), 9796.
Duhamel-Décéjean, 6778.
Duhamel du Monceau, 5033.
Duhaut (Dr), 5822, 5850.
Dujardin (Mme L.), 11974.
Du Lac, 11390.
Dulaure (J.-A.), 55, 56, 57, 150, 151, 152, 153, 154, 155, 156, 157, 195, 412, 1358, 5499, 9997.
Dumaresq (Armand), 9438.
Dumas (A.), 2992.
Dumas (Alexandre), 1856, 4923, 4977, 8109, 11020, 11021, 11022, 11391.
Dumas fils (Alexandre), 4370, 11075, 11076, 11392, 11393, 11408, 11975.
Dumas (Général Mathieu), 1640.
Dumay (L'abbé), 10560.
Dumaz (Jacques-Marie), 783.
Dumaz (Paul-Edward), 783.
Du Mérac (Mme Émilienne), 11023.
Dumermuth (G.), 8446.
Dumersan [Th. Marion], 11553.
Du Mesnil (A.), 1018.
Dumolin (Maurice), 90, 354.
Du Moncel (Th.), 10033.
Dumont (Augustin), 11761.
Dumont d'Urville, 8091, 9857.
Dumonthier (Ernest), 2382, 6292.
Du Moulin (Charles), 3188, 3190.
Dumoulin (Maurice), 10733.
Dumoustier (Léon), 10459.
Dumoutier (Pierre), 2418.
Dumur (Louis), 9581.
Dunand (Léon), 8480.
Dunkel (J.-T.), 1386.
Dünki, 9058.
Dunki (Louis), 8491, 9738.
Dunod (Louis), 7883.
Dunoyer (Ch.), 3697.
Dupain (S.), 1487, 1772, 1839.
Dupain-Triel, 7743.
Duparc (Henry), 9471.
Duparc (Léonce), 7617.
Du Pays (A.-J.), 11714.
Du Perron de Castéra, 11504.
Dupezard (E.), 2026.
Dupin (Baron Charles), 9851.
Dupin (Bon C. F. E.), 7772.
Dupin (Jean-Baptiste), 5403.
Du Pinet (Antoine), 8033, 10350.
Dupiney de Vorrepierre (B.), 11764.
Duplat, 3138.
Du Plessis (François), père du cardinal de Richelieu, 8807.
Du Plessis (D. Toussaints), 44.
Duplessis (Georges), 3737, 4468.
Duplessy (L'abbé E.), 2271, 2340.
Duplomb (Charles), 474, 1702, 1756, 2113.
Duployé, 10274, 10275.
Dupon (Valéry), 10618.
Duponchel (Edmond), 5231.
Dupont (Léonce), 1176, 1177, 9253.
Dupont (Pierre), 4481.
Dupont-Chatelain (Marguerite), 11076.
Dupont de Nemours, 8954, 9046.
Dupont-Ferrier (Gustave), 1870, 3490.
Duportal (Jeanne), 3852.
Du Pradel (Abraham), 163, 164, 12122.
Dupré de Saint-Maur, 7216.
Dupuis (Charles-François), 9998.
Dupuis (Ernest), 6657, 6671, 6672.
Dupuy (Joseph), 7299.
Dupuy (P.), 1394.
Duquesnoy (Adrien), 845.
Duquet (Alfred), 9254.
Durand, 2151.
Durand (A.), 6143.
Durand (Alexis), 6452, 6453.
Durand (André), 1719.
Durand (Gabriel-Joseph), 7406.
Durand (Georges), 6765, 6827.
Durand (Godefroy), 10151.
Durand (Roger), 6996.
Durand-Fardel (Raymond), 3054.
Durantin (Armand), 6311.
Durau, 3156.

Dureau, 2171.
Durepaire (Th.), 7422.
Dürer (Albert), 4525.
Duret (Théodore), 9418, 9892.
Durey de Noinville (Jacques), 5139.
Durier (Charles), 7644, 7645.
Durieux (Joseph), 3310.
Du Rif, 2473.
Du Roure, 11064.
Du Roure de Paulin (Baron), 9936.
Durrieu (Cte Paul), 26, 27, 4108, 4410, 6560, 8696, 11685, 11687, 11691, 12321.
Durrieu de Maisonneuve, 7201.
Duru (Léon), 2919.
Duruy (Georges), 773.
Duruy (Victor), 6387, 9497.
Durville (G.), 2285.
Dusaulx (Jean-Joseph), 3309.
Duse (Eleonora), 11198.
Du Seigneur (Maurice), 1865, 1934, 4281, 4282, 5012, 11180.
Du Sommerard (E.), 1947, 4209, 12057.
Dussane, 5180.
Dusausoir, 5658.
Dussausoy, 2157.
Dussieux (L.), 4552, 5929, 8052, 8906, 9255.
Dutasta (Paul), 11976.
Duteil (A.), 2526.
Du Teil du Havelt (Baron), 11977.
Dutemple (Edmond), 806.
Dutertre, 3819.
Duthé (Rosalie), 11234.
Dutilleux (A.), 5823, 5824, 6027, 6160, 6995, 8777.
Dutoit, 622.
Duval, 2183.
Duval (Alexandre), 5164, 5181, 10921, 11394.
Duval (Amaury), 673, 1496, 2132.
Duval (Frédéric), 5740.
Duval (Gaston), 444, 503, 3813.
Duval (Georges), 4061.
Duval (Jules), 10174.
Du Vallon (G.), 418.
Duvau (A.), 1734.
Duvaux (Lazare), 8898.
Duverdy (Ch.), 1442.
Duvernet (J.), 3554.
Duvert (F.-A.), 11395.
Duveyrier (Bon Honoré), 8655.
Duveyrier fils (Charles), 735.
Du Vigean (Mademoiselle), 8698.
Duvillard (P.), 1434.
Duviquet, 11323.
Duvivier (Jean et P.-S.-B.), 11756.
Dyvorne (Paul), 7068.

E

Eckard, 5868.
Eckermann, 11582.
Écorcheville (Jules), 1340.
« Ed-Azam-Ed », 7841.
Edison, 10036.
Edmond (Charles), 2727.
Édouard VII, 1311, 8193.
Édouard d'Alençon (Le P.), 2475, 5212.
Egault (P.), 1459.
Egger (Max), 10911.
Ehrhard (Auguste), 11199.
Eiffel (G.), 2049.
Eisen (C.-D.-J.), 10351, 11737.
Eisner (A.), 8691.
Elbeuf (Duc d'), 8865.
Elder (Marc), 11715.
Éléonore d'Autriche, 11739.
Eliçaragay (Édouard), 1354.
Elina (Henri-Rodolphe), 1215.
Élisa (La grande duchesse) [Élisa Bacciochi], 9020, 9028.
Elssler (Fanny), 11199.
Elvire (Mme Charles). V. Bouchaud des Hérettes (Julie).
Elzevir (Daniel), 11697.
Émard (Paul), 9582.
Émard (P.-M.), 2075.
Émeric-David, 4501.
Emerique (E.), 8791.
Émile-Bayard (Jean), 492.
Émion (Paul), 73, 74.
Emmanuel (Charles), 10041.
Emmanuel-Philibert (duc de Savoie), 8699.
Emmery (C.), 1443.
Emmery (H. C.), 5685.
Émond (G.), 3491.
Empis [A.-D.-F.-J. Simonis], 11396.
Emy (H.), 4915.
Énault (Louis), 4284, 6902, 8110, 8164.
Engerand (Fernand), 4411.

Enghien (Le duc d'), 9858, 9859, 11720.
Engrand (J.-E.), 6133.
Enjalvin (L'abbé), 5612.
Enlart (Camille), 4222, 4620, 4677, 4684, 6876.
Ennery (A. d'), 11063.
Ennodius (Saint), 9994.
Éon (Le chevalier d'), 5872, 8930.
Épictète, 10292.
Épinay (Mme d'), 8899, 8900.
Eppinghoven (Ursula, Ctesse d'), 9710.
Érard (Le chevalier), 11978.
Erard (S.), 1915.
Érasme, 8748.
Erckmann-Chatrian, 9129, 11025.
Erhardt (Hermann), 4543, 4544.
Ernouf (Baron), 936, 4712, 7938, 8379, 8523.
Ersch (J. S.), 11791.
Eschasseriaux (Baron), 7086.
Eschine, 10286.
Escholier (Raymond), 4109.
Eschyle, 10291.
Escoffier (H.), 5723.
Escoffier (J.-P.), 4753.
Escuyer (Pierre), 8465, 11716.
Esgabain, 2027.
Esnault (Gaston), 10253.
Espaullard (Hector), 5727, 6406.
Espérandieu (Émile), 4621, 4622, 4623, 4624, 6894, 7503, 7838.
Esquiros (Alphonse), 589.
Estève (Raymond), 10777.
Estienne, 10028, 10029.
Estournet (G.), 6509.
Estrée (Paul d'), 3918, 11146.
Estrées (Gabrielle d'), 8795.
Étex (Antoine), 9153, 9867.
Étienne (C. G.), 5182, 10520, 10922, 10923.
Étienne (Louis), 3013, 4277.
Étiennette de Besançon, 4817.
Étienne Jouy, 4866, 4867, 4868.
Eude (Émile), 678.
Eudel (Paul), 3872, 6928, 11386, 11632, 11979.
Eugène (Saint), 9860, 9861.
Eugène (Marcel), 624.
Eugénie (L'impératrice) [Eugénie de Gusman, comtesse de Teba], 9099, 9100, 9101, 9102, 9103, 9104.
Euripide, 10293, 10294, 10295, 10773.
Eustace (John Chetwode), 834.
Evans (Dr Thomas W.), 9154.
Evelyn (John), 12339.
Evrard (Ferdinand), 1181.
Ewig (Léon), 6601.
Expilly (L'abbé d'), 8007.
Eymery (Alexis), 9757, 9758.
Eynard (Jean-Gabriel), 9040,
Eyriès, 8091.

F

F. (L.-G.), 9027.
F. (M.), 367.
« Faber », 1943.
Faber (Frédéric), 11177.
Fabre (Colonel), 9256.
Fabre (Albert), 7494.
Fabre (Émile), 11249, 11399.
Fabre (Mr J.-J. Victorin), 2158.
Fabrègue (Frédéric), 7495, 7501, 9903.
Fabrège (Valentine), 9862.
Fabre-Luce (Alfred), 9584.
Fabré-Palaprat (B.-R.), 1411.
Fabry (J.-B.-G.), 9006.
Fagan (Christophe-Barthélemy), 11316.
Fage (René), 626, 627, 6861, 7041, 7042, 7045, 7046, 7047, 7048, 7438, 8657, 8713, 8845, 9929, 10461, 11717.
Fagniez (Gustave), 3067.
Faguet (Émile), 10243, 10534.
Faidherbe (Général), 9350.
Fairbairn (W.), 8207.
Faivre (Abel), 11755.
Falconet (Étienne-Maurice), 4116.
Falconnet (Ernest), 10306.
Falguière (Joseph), 11953.
Falip (Edward), 3131.
Fanet (Valère), 628.
Faral (Edmond), 10383.
Farcy (Camille), 9257, 9473.
Farcy (Georges), 1960.
Farcy (Louis de), 6940, 6941, 8776.
Farge (L.), 2776.
Farges (René), 763, 4889.
Faria (Vte de), 1664, 8790.
Fassy (Paul), 886, 1384.
Fatio (Guillaume), 8467, 8500.
Fau (Fernand), 11012.
Faucher (Léon), 9158.

Faucher-Magnan (A.), 2089.
Faucheur (Théodore), 1720.
Faucheux (L. E.), 11824.
Fauchois (René), 11400.
Faucigny-Lucinge (A. de), 11211.
Faucou (Lucien), 3865.
Faudet (L'abbé), 2389.
Faugère (A.-P.), 696, 697.
Fauquemprez (L'abbé), 6561
Fauques (Mlle de), 8937.
Faur, 8939.
Faure (Émile), 9193.
Faure (Félix), 9456.
Faure (Gabriel), 7680.
Faure Dujarric, 4640.
Fauris de Saint-Vincent, 2286
Faustin Hélie, 10077.
Fautras (Gustave), 1021, 9258, 9259.
Fautrat (Léon), 6673.
Favart (Charles-Simon), 3317, 11317.
Favart (Mme) [Marie-Justine-Benoîte Duronceray, Mlle de Chantilly], 3317.
Favereau (Vice-amiral), 9701.
Faverot de Kerbrecq (Général baron), 9260.
Favier (Mgr Alphonse), 8573.
Favier (Paul), 5855, 5931.
Favre (Édouard), 8468
Favre (Jules), 1029, 1079, 3241, 3242, 3243, 3602, 9177.
Favre (Mme Jules), 9261.
Favre (Léopold), 10207.
Favre (Louis), 1993, 1994.
Faydit de Terssac (Cte Pierre-Paul), 8901.
Faye (Charles), 11718.
Faye (Jacques), 11718.
Fayol (Amédée), 481.
Fayolle (Mis de), 6977, 7246, 7371, 7404, 7451, 12078.
Febvre (J.), 5183.
Fegdal (Charles), 380, 590, 2635, 2687.
Feillet (Alphonse), 8822.
Feillet (Paul), 3027.
Félibien, sieur des Avaux (André), 1970, 1971, 1972, 4412, 4413, 4645, 5932, 7001.
Félibien (D. Michel), 42, 5742.
Félix-Bouvier, 8714.
Fellonneau (J.-Ed.), 7410.
Felmond (Sabin), 2289.
Félon (J.), 7147.
Fels (Cte de), 11750.
Feltria (Elizabeth Gonzague), 4562.
Fénelon, 10813, 10814, 10815.
Fénier (Pierre), 6780.
Fennebresque (J.), 2916, 5933.
Fer (N. de), 7762.
Ferdinand de Bulgarie, 1314.
Féret (Édouard), 7119, 7120, 7203, 7204, 7307, 7440.
Feret (L'abbé P.), 2490, 5661.
Fermé (Albert), 3244.
Fernand-Laurent, 482.
Fernau (Hermann), 9585, 9586.
Fernel (Dr), 10462.
Fernel d'Amiens (Jean), 10175.
Féron (Louis), 3372.
Ferrand (Cte), 9051.
Ferrario (Luigi), 2636.
Ferraris (Le P. J.), 6796.
Ferré (Le grand), 6628, 10622.
Ferree (Barr), 4625.
Ferrero (M.), 7594.
Ferrier (H.), 246.
Ferrier (Jean-P.), 8508.
Ferrier (Marie) [Babonnette], femme du lieutenant criminel Jacques Tardieu, 8845.
Ferrier de Tourettes (A.), 2576.
Ferrière (Claude de), 3192.
Ferruci (Rosa), 9863.
Ferrus (Maurice), 7167, 7205, 7248, 7285, 7319.
Ferry (Hippolyte), 1741.
Ferry (Mme Jules), 11980.
[Fersen (Axel de)], 449.
Fertiault (François), 10791, 11569.
Fesch (Paul), 5013.
Fescourt (Henri), 11257.
Festeau, 11569.
Fétis (F.-J.), 5339.
Feuardent (Adolphe et P. de), 483, 484.
Feuchères (Baronne de) [Sophie Dawes], 6360, 6361, 6362.
Feuillet (Octave), 11401.
Feuillet de Conches, 2705, 9050.
Feuillide (J.-G. Cappot de), 591.
Feuilloley, 6130, 6131.
Feulard (H.), 3085.
Feuret de Fontette, 8611.
Féval (Paul), 6909.

Fèvre (Henry), 5035.
Feydeau (Ernest), 11167.
Feyen-Perrin, 4366.
Feyler (Cel F.), 9587.
Fiaux (Louis), 1182.
Fichet (Guillaume), 27, 3831.
Fichot (Charles), 558, 559, 5746, 9835.
Ficin (Marsile), 10309.
Fidière (Octave), 4423.
« Fidus », 976.
Fierens-Gevaert (H.), 2577.
Figuères, 5826, 7773.
Figuier (Louis), 1412, 2987, 10016, 10017, 10018, 10034, 11402.
Fil (Eugène), 7492.
Filhol (J. de), 7240, 7241.
Filippi (L.), 7389.
Fillipi (W.), 9262.
Fillon (Benjamin), 10461.
Fillonneau (Ernest), 4414.
Filon (Augustin), 9101, 9105.
Finot (Ed.), 6241.
Firmin-Didot (Ambroise), 11233.
Fisbach (Gustave), 9264.
Fischof (E.), 11981.
Fisquet (H.), 2286, 8607, 9760.
Fitan (Alfred), 6049.
Flachat (Eugène), 3010.
Flamand-Grétry (L.-V.), 5743, 6191, 6192.
Flamel (Nicolas), 1376, 2410.
Flamen (P.), 4916.
Flameng (François), 11982.
Flameng (Léopold), 576, 2184, 4055, 5429, 12259.
Flament (A.), 2989.
Flament (Albert) [Sparklet], 11639, 11640.
Flammarion (Camille), 2386, 9498, 9843, 10042, 10043, 10044, 10045, 10046, 10047, 10048, 11766.
Flammermont (Jules), 742.
Flandreysy (Jeanne de), 7707.
Flandrin (A.), 3738.
Flandrin (Hippolyte), 767, 2467, 2468, 2495, 2496.
Flat (Paul), 4259, 9499.
Flaubert (Gustave), 10924, 10925, 10926, 10927, 10969.
Flavy (Guillaume de), 6597, 6605.
Fleicher (Guillaume), 3838.
Fléchier, 10816.
Fleischmann (Hector), 804, 3231, 8978, 11201, 12216, 11256.
Fleuret (L'abbé), 2263.
Fleuret (Fernand), 3710.
Fleury (L'abbé), 10851.
Fleury (Général Cte), 9155.
Fleury (Cte), 4955, 6304, 6602, 8658, 8659, 9160, 11232.
Fleury (A. J. Bénard, dit), 11200, 11235.
Fleury (Élie), 4539, 4540, 4541, 4542, 6717, 6718, 6719, 6720, 6771.
Fleury (Dr Louis), 1022.
Fleury (P. de), 9985.
Flévy d'Urville, 5014.
Flobert (Paul), 3853, 8752.
Flobert (Laure-Paul), 5456.
Floquet (G.), 9896.
Florian, 10545.
Florian (Frédéric), 4527.
Florus, 10337.
Flourens (Gustave), 1018, 1273.
Foch (Le maréchal), 9693.
Foignet (J.-J.), 878.
Foley (Charles), 11026.
Follet (Auguste), 9976.
Follet (Gaston), 5366.
Foncin (Pierre), 7488.
Fonseca (Antonio), 8549.
Fontaine (André), 3590.
Fontaine (Charles), 1361.
Fontaine (P.-F.-L.), 1866, 4655, 4705.
Fontaine (La Mère Louise-Eugénie de), 9864.
Fontaine de Resbecq (A. de), 3861, 3862.
Fontan (P.), 4486.
Fontenay (Harold de), 7550.
Fontenay (Tony), 6305.
Fontaulieu (Paul), 1183.
Fonvielle (Wilfrid de), 1023, 1184, 9474.
Foiret (F.), 918.
Forain (J.-L.), 4807.
Fordham (Sir Herbert George), 7777, 7839, 7840, 7903, 8023, 8158, 8159, 8160, 8161, 8660.
Forel (Alexis), 7794.
Forel (Emmeline), 7794.
Forestier (Dr Auguste), 7672.
Forestier (J.-C.-N.), 5653.
Forgeais (Arthur), 555, 556, 557, 2116, 4626.
Formigé (Jules), 4627, 7692, 7696, 7708.

Forni (Jules), 1185.
Forot (Victor), 7044.
Forster (Charles de), 4917.
Fort (Frédéric), 1186.
Fortier (Charles), 2755.
Fortin-Herrmann (Adolphe et Émile), 9911.
Fortiolis (Ludovic), 854.
Fortoul (H.), 5934.
« Fortsas (Cte de) ». V. Chalon (Renier).
Fortuney, 7888.
Fossa (F. de), 5782, 5783.
Fossé d'Arcosses, 3176.
Fossey (J.), 6859.
Fosseyeux (Marcel), 3028, 3029, 3079, 4110, 8715, 11620.
Foucault (A.), 6983.
Foucquet (Jean), 8608, 11691.
Foucquet (Nicolas), 3239, 3240, 8851, 8852, 8853.
Fougeret de Montbron, 4830.
Foullé (Étienne), 8713.
Foulon (A.), 2093.
Foulon (L'abbé E.), 9589.
Fouque (Octave), 5314.
Fouquier (Marcel), 4713, 11641.
Fouquier-Cholet, 6721.
Fouquier d'Hérouel (A.-E.-J.-B.), 9894.
Fouquier-Tinville, 3231.
Fourché (Paul), 7206, 7243, 7286, 7329.
Fourcy (A.), 3533.
Fourcy (Eugène de), 1391.
Fourier Bonnard, 2505.
Fournel (Dr Charles), 3061.
Fournel (Jean-François), 3209.
Fournel (Victor), 337, 753, 1187, 1665, 1666, 3311, 4956, 5064, 11129, 11294, 11296.
Fourney (A.), 6025.
Fournier (Edgard), 5776.
Fournier (Édouard), 333, 334, 335, 336, 577, 1358, 1667, 1690, 1844, 2578, 2688, 3790, 3876, 5271, 5400, 5450, 8661, 8662, 8663, 9265, 10244, 10464, 10465, 10619, 10821, 11165, 11266, 11403, 11404, 12137, 12138, 12239.
Fournier (Louis-Édouard), 1964, 2688, 11708, 12138.
Fournier (Marc), 9061, 11569.
Fournier (Marcel), 15.
Fournier (Paul), 5015.
Fournier (Simon), 8798.
Fournier-Verneuil, 4893.
Fourtier (A.), 6514, 10525.
Fourtier (H.), 6051.
Foville (A. de), 2004.
Foy (Sainte), 9979, 9981.
Foy (Général), 6774.
Fragonard (J. Honoré), 4428, 4620, 12320.
Fraipont (G.), 370, 371, 597, 1453, 4054, 5440, 5481.
Frambour (Saint), 5686, 5688.
Français (F.-L.), 8143.
Francart (Me Adolphe), 9894.
France (Anatole) [Anatole-François Thibault], 485, 1712, 6478, 9475, 9590 10620, 10761, 11004, 11237, 11719.
France (Hector), 10254.
France (Louise), 11236.
Francin (Claude), 7296.
Francine (Les), 4526.
Francisque-Michel. V. Michel (Francisque).
Franck (A.), 10146.
Franck (W^m), 7121.
Franc-Nohain [Maurice Legrand], 11638.
Francœur (L.-B.), 4754.
François Ier, 8780, 8781, 8783.
François, bourgeois de Paris, 4819.
François (Alexis), 8469, 10868.
François (Sylvain), 2287.
Franconi (Laurent), 5347.
Franklin (Alfred), 6, 684, 693, 1524, 1657, 1859, 2288, 2506, 2910, 2917, 3403, 3543, 3555, 3578, 3763, 3764, 3766, 4814, 5016, 5458, 8780, 8850, 11825, 12173.
Franklin (Benjamin), 8955.
Franqueville (Cte de), 2099, 3576, 3577, 7558.
Frébault (Élie), 4062, 4099.
Frédé (Pierre), 8361.
Frédéric II, 8931, 10991.
Frédéric III, 8229.
Frédéric (L'impératrice), 4064.
Frédéric (Harold), 9592.
Freeman (Edward A.), 8716.
Frégier (H.-A.), 3456.
Freitag (G.), 8053.
Fréjanille (Gustave), 5331.
Frémine (Charles), 6429.

Frémy (Édouard), 2464, 3591.
French (Maréchal Sir John), 9593.
Frénilly (Baron de), 9052.
Frère (Ed.), 4915.
Frère (Th.), 4915.
Fréret (Nicolas), 11078.
Fresse-Montval, 10308.
Fréville (Félix), 2409.
Freycinet (Charles de), 9266, 9500.
Freydier (L'avocat), 11079.
Fricher (Henry), 360.
Friedrichs (Otto), 3352.
Frion (J.-B.), 6581.
Fritsch (Ad.), 6373.
Frochot (N.-T.-B., comte), 2610.
Fröhner, 4166, 8319.
Froissard (J.), 8609.
Fromageot (E.), 3319, 5871, 5923.
Fromageot (Paul), 427, 1705, 2689, 5855, 5872, 5873, 5874, 5875, 6043, 8717, 8718, 8924.
Fromaget (Nic.), 6306.
Froment (Eugène), 10711, 10751.
Frond (Victor), 9990.
Frondaie (Pierre), 11027.
Frossard (Général), 9268.
Fuglister (Albert), 9594.
Fulcrand (P.-J.), 5698.
Fuller (Loïe), 11237, 11680.
Funck-Brentano (Frantz), 17, 3245, 3246, 3247, 3312, 3319, 3327, 3918, 8617, 8719, 8720, 8721, 8934.
Furcy-Raynaud (Marc), 432, 905.
Furetière (Antoine), 10226.
Furpille (Eugène), 4063.
Fusil (Louise), 11238.
Fuster (Édouard), 7940.
Fustier (Gustave), 10252.

G

G. (E.-M.), 475, 873.
Gabet (Ch.), 9761.
Gabillon (Amédée), 403.
Gabourg (Amédée), 70.
Gabriel (Ange-Jacques), 4706, 4707, 11750.
Gachet (Ctesse de), 8690.
Gachet (S.), 412.
Gadala (Charles), 11721.
Gadobert (Benjamin), 10621.
Gaidoz (Henri), 11080.
Gaiffe (Félix), 8815.
Gaignières (Roger de), 3774, 4459.
Gaildran, 7147.
Gailland (Dr Louis), 7599.
Gaillard, 10235.
Gailly de Taurines (Ch.), 4818, 8665.
Gaitte, 2186.
Galbrun (Ch.), 4137.
Galibert (Léon), 8581.
Galibert (Paul), 7360.
Galice, 11012.
Galichet (Léon), 6134.
Galimard (Auguste), 2495.
Galipaux (Félix), 11405.
Galland (Antoine), 11626, 11627.
Gallet (Le chanoine), 5876, 6086.
Gallet (A.), 6370.
Gallet (Louis), 1188, 3087.
Galli (Henri), 1327.
Galliéni (Maréchal), 1328, 9649.
Gallois (L.), 8524, 8547.
Gallois (Léonard), 908.
Gallois (N.), 5505.
Galoppe d'Onquaire, 961, 4357, 4957, 9062, 9995, 10992, 11081, 11082.
Galtier, 1024.
Galtier (Émile), 5760.
Gamain (Le serrurier), 743.
Gambetta (Léon), 7287, 9287, 9430, 9431, 9432, 9433.
Gambini, 11102.
Ganay (Mise de), 11985.
Gandéra (Félix), 11406.
Gannal (Dr), 3118.
Garamond (Claude), 11735.
Garand (Charles), 10622.
Garangeot (Arnoul), 6500.
Garbe (A.), 5103.
Garbizza, 2151.
Garcilasso de la Vega (Ynca), 9740.
Garçon (Maurice), 1366.
Gargiulo (Raffaele), 8339.
Garibaldi (Giuseppe), 9393, 9865.
Garin (Joseph), 2359, 5686.
Garnier (Charles), 2798, 4647, 5260, 11112.
Garnier (Claude), 7047.
Garnier (Édouard), 2120, 4737.
Garnier (Francis), 1026.
Garnier (Joseph), 5784, 10109.

Garnier (Paul), 4382.
Garnier (Dr Paul), 3457.
Garnier des Chesnes (E.-H.), 3193.
Garnier-Pagès [Louis-Antoine Pagès], 9178.
Garsonnin (Dr Maurice), 3104.
Garzon (Eugenio), 8550.
Gasparin (Mme de), 10161.
Gassies (J.-G.), 6409.
Gasté (Georges), 9894.
Gaston (L'abbé Jean), 877, 890.
Gaston-Routier, 4064.
Gastyne (Jules de), 1189.
Gatin (L.-A.), 5864, 6044, 6363.
Gatteaux (E.), 4457.
Gauban (Octave), 7421.
Gaubert (B.), 3119.
Gaubert (Ernest), 11083.
Gaubert (Dr P.), 10115.
Gauché, 3458.
Gaucherel (Léon), 2311, 2312, 2313.
Gaudelette, 9269.
Gaudreau (L'abbé L.), 467, 1959.
Gaudry, 3223.
Gaudry (Auguste), 6089.
Gauffreteau (Jean de), 7155.
Gaugnat (Maurice), 11986.
Gaulle (J. de), 12120.
Gaullieur (Ernest), 7102, 7257, 7273, 7278, 7384.
Gaullieur (Henri), 10162.
Gaulot (Paul), 5017, 5184.
Gaumy (Pierre), 3348.
Gaussens (L'abbé), 7387.
Gausseron (B. H.), 11632.
Gautereau (Capitaine), 1027.
Gautherot (Gustave), 1190.
Gauthey (E.-M.), 1428.
Gauthier (L'abbé), 5827.
Gauthier-Villars (Henry), 11530.
Gautier (B.), 7069.
Gautier (E.), 244.
Gautier (Léon), 3663, 10379.
Gautier (Lucien), 2178.
Gautier (Paul), 7383.
Gautier (Théophile), 333, 576, 1018, 2110, 4373, 4918, 4977, 10928, 10929, 10930, 11154, 11155, 11407, 11532, 12359.
Gavard (Ch.), 6007.
Gavarni [S.-G. Chevalier], 4360, 4808, 4809, 4810, 4915, 4933, 4977, 8164, 9866, 10667.
Gavault (Paul), 11136.
Gavin (Maximilien), 5877, 6118.
Gay (Ernest), 2562, 2563, 9595.
Gay (Jules), 11840.
Gaye de Martignac fils, 7258.
Gazaigues (L'abbé J.-A.), 6242.
Gazeau (A.), 9883.
Gazier (Auguste), 6243, 6244, 6245, 6246.
Gazier (Cécile), 6247.
Gébé (Victor), 3885.
Gebelin (François), 10858.
Gebhart (Émile), 3557.
Geffroy (A.), 10831.
Geffroy (Gustave), 4130, 4351, 4718, 5035, 6017, 11642.
Gehin (L'abbé), 6059.
Geispitz (L'abbé C.), 2289.
Gelée (A.), 4457.
Gelin (Henri), 8870.
Gelliot (Louvan), 9942.
Gendarme de Bévotte (G.), 10466.
Genest (Émile), 5185, 5248, 5277.
Geneviève (Sainte), 2238, 2239, 2240, 2241, 2242, 2243.
Genevois (Henri), 9270.
Géniaux (Charles), 11637.
Génilloud, 5473.
Génin (Auguste), 8551, 10623.
Gensonné (Armand), 779.
Genieys, 1413.
Genin (Hubert), 5104.
Gensoul (Louis), 9271.
Gentien (Maurice), 11958.
Gentil (L'abbé), 5625.
Genty (L'abbé A.-E.), 6091, 6122.
Genty (Charles), 4043.
Genty (Lucien), 3227.
Geoffroy (L.), 10212.
Geoffroy de Grandmaison, 6603, 8959, 9026.
George (Mademoiselle), 11201, 11239.
George (David Lloyd), 9572.
Georges-Buisson, 2012.
Gérard (L'ambassadeur), 9599.
Gérard (Colonel), 1973, 1977.
Gérard (Constantin), 3217.
Gerard (Ed.), 1708.
Gérardin (A.), 5035.
Gerards (Émile), 1380, 1392.

Gérard-Séguin, 10711.
Géraud (H.), 12161.
Géréon (Léonard de), 11183.
Gergerès (J.-B.), 7276.
Germain (Saint), 2244, 2245.
Germain (José), 9272.
Germain (Léon), 6829.
Germain (Prosper), 1473.
Germer (Saint), 6533.
Germer-Durand (R. P. J.), 8574.
Germiny (Le Cte Marc de), 9492.
Gernay (G.), 8284.
Gérôme (J.-L.), 5263.
Gersaint, 4103.
Gerspach (E.), 1284, 4719, 4720.
Gervais, 3430.
Gervais (Dr Raymond), 3095, 3096.
Gervais-Courtellemont. V. Courtellemont (Gervais).
Gervex (Henri), 4375.
Geslin (Jean-Charles), 9867.
Gex (L'abbé F.), 7663.
Geymüller (Dr Heinrich baron von), 4416, 4417.
Ghellinck d'Elseghem Vaernewyck (Vte de), 3653, 3654, 3655, 8270.
Gherardi (Évariste), 11512.
Gheusi (P.-B.), 9432, 9602.
Giacomelli (H.), 11713.
Gibson (W.), 1191.
Giffard (Pierre), 10036.
Gigout (L'abbé Eugène), 2567.
Giguet (P.), 10297.
Gilardin (Alphonse), 1028.
Gil Baër, 5367.
Gilbert, 412.
Gilbert (Professeur A.), 3080.
Gilbert (A. P. M.), 2290, 5744.
Gilbert (N.-J. L.), 10546, 10547.
Gilles de la Tourette (G.), 10826.
Gillet (Fernand), 3068.
Gillet (Louis), 4255.
Gillet (Lucien), 86, 87.
Gillet de Grandmont, 8157.
Ginisty (Paul), 971, 1192, 4065, 5301, 9603, 9604, 11153, 11173, 11174, 11202, 11234, 11238, 11255.
Giran (E.), 9476.
Girard, 1459.
Girard (B.), 7070.
Girard (Georges, 11068.
Girard (Dr Henry), 10173.
Girard (Isaac), 7006.
Girard (Paul), 3581.
Girard (P.-S.), 1414, 1490, 4890, 5548, 5549.
Girard (X.), 1729.
Girardet (Carl), 8421.
Girardin (Mis de), 4678, 10876.
Girardin (Émile de), 6089, 9130, 9179, 9273, 11408.
Girardin (Mme Émile de) [Delphine Gay], 4918, 10931, 11409.
Girardot (Bon de), 6976, 8979.
Girard Vézenobre (Baron de), 5724, 6331.
Giraud (Edmond), 862.
Giraud (P.), 2374.
Giraud (Paul-Émile), 3695.
Giraud (P.-F.-F. J.), 9017.
Giraud (Victor), 6089.
Giraudeau (Fernand), 9274.
Giraudeau-Laurent, 6947.
Girault de Saint-Fargeau (Eusèbe), 377, 6755, 7744, 7745, 11792, 12141.
Giron (Aimé), 10624.
Giroud de Villette (J.), 10019.
Girtin (Thomas), 2222.
Giry (Arthur), 11869.
Gisors (A.-J.-B.-G.), 2377.
Gisors (Alphonse de), 1995.
Gittard (Daniel), 9866.
Giuli (Ivo de), 8238.
Giusti (Giovanni), 8330.
Glais-Bizoin (Al.), 9180.
Glasson (E.), 3202.
Glinel (Charles), 11021.
Gluck, 2777.
« Gnafron fils », 11485.
Gobelin (Les), 4722.
Gobert, 10751.
Gobert (A. L.), 6748.
Goblet (F.-V.), 193, 194, 5451.
Godard d'Aucourt (Cl.), 4836.
Godeau (Ant.), 9978.
Godefroy, 2187.
Godefroy (Denis), 10065.
Godefroy (Frédéric), 10227.
Godefroy (Louis), 11987.
Godefroy de Paris, 675.
Godefroy Menilglaise (De), 8759.
Godet (Philippe), 8891, 8919.
Godin (Eugène), 11768.

Goegg (G.), 8426.
Goepp (Édouard), 580.
Gœthe, 11578, 11579, 11580, 11581, 11582, 11749.
Gofflot (L. V.), 11140.
Gogo (Mlle), V. Beauménard (Mlle).
Goguel (E.), 7218.
Goguel (Jules), 2472.
Goguyer (Antonin), 2523.
Goiffon (L'abbé), 7694, 7697.
Goizet (J.), 5105.
Goldoni (Charles), 11513.
Goldschmidt, 11984.
Goldschmidt (Dr D.), 9275.
Goldsmith, 11610.
Golovine (Ivan), 4962.
Gomart (Ch.), 6723, 6724, 6725, 6772, 6773.
Gomboust (Jacques), 533, 1525, 1537, 1538, 1539, 1540, 1541, 1542, 1543, 1544, 6883, 11667, 12175.
Gonchon, 3311.
Goncourt (Edmond de), 5057, 11203.
Goncourt (Edmond et Jules de), 832, 3791, 4958, 5108, 5379, 9866, 11410.
Gondi (Claude-Marguerite de), marquise de Maignelay, 9868.
Gondinet (Edmond), 11369, 11411.
Gondoin, 3413.
Gondré (L'abbé A.), 2444.
Gonneau, 1729.
Gonse (Louis), 4418, 4583, 11988.
Gonthier (L'abbé J.-F.), 7618.
Gore (Mrs), 4919.
Gorges (Édouard), 2705.
Gorguet (A.-F.), 9919, 11017.
Goron (Marie-François), 4959.
Gosse (Henri-Albert), 8493.
Gosselin (L'abbé), 10813.
Gosselin (Théodore), 4272.
Got (Ambroise), 9608.
Got (Edmond), 5162, 5189, 11240.
Goubie (R.), 1054.
Goudeau (Émile), 4066, 10625, 11643, 11644, 11645.
Gouin (E.), 9902.
Goujet (L'abbé), 9771.
Goujon (A.), 6332.
Goujon (Jean), 1888.
Goujon (Julien), 11120.
Goulden (Le pasteur), 11989.
Goulden (H. J.), 8205.
Goulet, 2159.
Gounod (Charles), 5341, 9501.
Gouraud (Général), 3570, 3571.
Gouraud (Julie), 629.
Gourdan (Mme) [Marie Stock], 707.
Gourdault (J.), 8111, 8304, 8402.
Gourdon (Édouard), 5642, 5643.
Gourdon de Genouillac (H.), 75, 2291.
Goureau (Le Col), 9869.
Gouriet (J.-B.), 1353.
Gourjault (O. de), 5212.
Gourlier (Ch.), 1668.
Gourraigne (L.-G.), 9750.
Gout (Paul), 4709, 6910.
Gouthière (Pierre), 4116, 11759.
Goya y Lucientes (Francisco de), 11751.
Goyard (Dr), 2166.
Gozlan (Léon), 2953, 4923.
Gozlin (L'évêque), 673.
Grad (Charles), 6842.
Gradis (Henri), 7156.
Grammont (Philibert, chevalier de), 8833.
Gramont (Agénor, prince de Bidache, duc de Guiche et de), 9086, 9276.
Grand (Daniel), 9911, 11879
Grand (E.-A.), 8722.
Grand-Carteret (John), 3991, 4067 4759, 8666, 8667, 9439, 9440, 9609.
Grandeffe (Cte Arthur de), 1030, 4960.
Grandmange (C.), 5038.
Grandmougin (Charles), 11412.
Grandpré (Pauline de), 3333.
Grandsaigne (Henry de), 5647.
Grandval (Ch.), 5186.
Grandville [Jean-Ignace-Isidore Gérard], 4810.
Granet, 9820.
Granet (Jean-Joseph), 1974.
Granger (A.), 5828.
Granger (Ernest), 8009.
Granges de Surgères (Mis de), 4419, 6933, 9940, 12296.
Grangier (J.), 8145.
Granier de Cassagnac, 9110.
Grant (James), 4920.
Grantoff (Dr Otto), 4420.
Grasilier (L'abbé Th.), 7071.
Grasset (Eugène), 11672.
Graterolle (Georges), 7287.
Graterolle (Maurice), 7250.

Graux (Lucien), 1318, 9458.
Gravard, 2180.
Grave (Eugène), 3349, 4702, 6094, 6144, 6145, 6146, 6147, 6160, 6183, 8723, 9883.
Graverfaux (J.), 6794.
Graves, 6604.
Gravigny (Jean), 493.
Gréard (Octave), 2753, 3556, 4088.
Gréder (Léon), 2896, 6058, 9836.
Greenwood (James), 4961.
Gregh (Fernand), 10626, 10778.
Grégoire (Henri), 8980, 11793.
Grégoire (Joseph-Amable), 2274, 11084.
Grégoire (L.), 8010.
Grégoire d'Essigny fils, 6787.
Gréhen (Albert), 6659.
Grelling (Richard), 9612.
Grélot (Félix), 9838.
Grenet (J.), 5631.
Grenet-Dancourt (E.), 11369, 11415.
Grenier (Vte de), 4428.
Grenier (Alphonse), 1028.
Grente (L'abbé Joseph), 891, 2412, 12267.
Grenville-Murray (E. C.), 9131.
Gresset (J.-B.-L.), 10548.
Grésy (Eugène), 6394, 6403, 6422.
Grétry (A.-E.-M.), 6191, 8964.
Gréville (Mme Henry) [Alice Fleury, dame Durand], 10156.
Grévin (Alfred), 4811, 4812.
Grévin (Jacques), 10395.
Grez (Vicente), 2800.
Grignan (Le Cte de), 10843.
Grignan (La Ctesse de), 10833, 10842, 10843.
Grille, 5107.
Grillet (Claudius), 10666.
Grillon, 1837.
Grimard (E.), 5655.
Grimarest (Le Gallois sieur de), 10467, 10468, 10469.
Grimaud de Caux (G.), 1031.
Grimm (Frédéric-Melchior, baron de), 3792, 3915, 8902.
Grimm (Thomas) [M.-H.-A. Escoffier], 9917.
Grimod de la Reynière, 8956.
Grémot (L'abbé J.-B.), 6117.
Griselle (Eugène), 8782, 8802.
Grisez-Droz (Jules), 10627, 10628.
Grison (Georges), 4068.
Griswold (W. M.), 3939.
Grivaud (C. M.), 1801.
Grivaud de la Vincelle, 1996.
Grobert (J. F. L.), 1742.
Grognet (J.), 1299.
Grouleau (P.), 1052.
Grollier (Mis de), 4735.
Gromaire (Georges), 9613.
Gros, 2376.
Gros (L'abbé J.-B.), 7474.
Gros de Boze (Cl.), 3609.
Gross (L'abbé), 6826.
Grou, 10311.
Grouchy (Vte de), 6166, 6167, 6168, 10515.
Grouet (Ch.), 7407.
Groult d'Arcy (Dom), 1959.
Grousset (Paschal), 9132.
Gruel (Léon), 2326, 3877, 11902.
Grumbach (S.), 9614.
Gruyer (F.-A.), 6564, 6565.
Gruyer (Gustave), 7468.
Gruyer (Paul), 6333.
Gsell (Laurent), 11242.
Gsell (Paul), 11242.
Guadet (J.), 2925, 7440.
Guadet (Marguerite-Élie), 779.
Guadet (P.), 5132.
Gubernatis (A. de), 9762.
Guedalla (Philip), 9133.
Guédy (Théodore), 4401.
Guégan (P.), 6334.
Guénard (Alexandre), 7581.
Guérard, 2292.
Guérard, 3547.
Guérard (François), 3088.
Guérin (Mme), 10467.
Guérin (L.-F.), 6028
Guérin (L.-P.), 1193.
Guérin (Nicolas), 4393.
Guérin (Paul), 2553.
Guérin (Th.), 4915.
Guériot (Paul), 6135.
Gueriteau (L. D. C.), 6330.
Guéritte (A.-C.), 7015.
Guerlain, 2681.
Guéroult (Constant), 9726.
Guers (Le chanoine E.), 9279.
Guétant (Gustave), 11738.
Gueullette (Ch.), 5187, 5188.

GUIARD (Émile), 10629.
GUIBERT (L'abbé J.), 8859.
GUIBERT (Joseph), 4459.
GUIBERT (Louis), 6267.
GUICHARD, 6109.
GUICHARD (Eugène), 7617.
GUICHEN (Vte de), 8668.
GUIFFREY (Georges), 8780, 10399, 10400.
GUIFFREY (Jean), 4136, 4194, 4198, 4421.
GUIFFREY (Jules), 24, 756, 1337, 1359, 1360, 2275, 2588, 3488, 3615, 3665, 4273, 4394, 4422, 4460, 4481, 4482, 4483, 4545, 4648, 4716, 4717, 4722, 5745, 5878, 6403, 6460, 9962, 11872.
GUIGARD (Joannis), 3906, 11826.
GUIGNARD (Ludovic), 7009, 7010.
GUIGNIAUT (Joseph-Daniel), 9914.
GUILBERT (L'abbé), 6461.
GUILBERT (A.), 2338.
GUILHE (Henri-Charles), 7157.
GUILHERMY (F. de), 504, 558, 559, 2293, 2311, 2312, 2313, 2315, 4628, 5746.
GUILLAIN (Georges), 3110.
GUILLAND (Dr Louis), 7673.
GUILLARD (A.), 6905.
GUILLARD (Léon), 5191.
GUILLAUME II, 9564, 9592, 9622, 9710, 9711, 9718.
GUILLAUME (Albert), 2886.
GUILLAUME (G.), 1033.
GUILLAUME (J.), 761.
GUILLAUMET (Gustave-Achille), 11953.
GUILLAUMOT (Auguste-Alexandre), 1632, 6151, 6152.
GUILLAUMOT (C.-A.), 1387, 1388.
GUILLAUMOT FILS (A.), 5243, 5508, 6042.
GUILLEMIN (Amédée), 7942, 10011, 10012, 10030, 10049, 10050, 10051.
GUILLEMOT (Maurice), 4576, 11752.
GUILLIER (Dr Octave), 3099.
GUILLOIS (Antoine), 486, 3294, 8932.
GUILLON (Adolphe), 4609.
GUILLON (Édouard), 7124.
GUILLON (Dr Paul), 8804.
GUILLON-PASTEL (L'abbé), 1809.
GUILLOT, 1655, 11646, 11647.
GUILLOT (Adolphe), 3295.
GUILLOTIN (Dr), 3361, 3362.
GUIMARD (Hector), 4679.
GUIMARD (Marie-Madeleine), 11203.
GUIMBAUD (Louis), 10667.
GUINODIE FILS AÎNÉ (Raymond), 7414, 7415.
GUINOT (Eugène), 4923, 6088, 6606, 8143.
GUIONIN (Henri), 10951.
GUIOT DE FLÉVILLE, 3319.
GUIRAUD (Baron A.), 10631.
GUIZOT (François), 8614, 8724, 9070.
GUTHRIE (William), 10333.
GUY (Paul de), 235.
GUY (Pol de), 340.
GUYESSE-FRÈRE (E.), 11337.
GUIBERT (Joseph), 11693.
GUYON, 3259, 3260.
GUYOT, 8016.
GUYOT (Georges), 10118.
GUYOT (Joseph), 6080, 6081, 6082, 6110, 10584, 10632.
GUYOT (Yves), 2028, 2546.
GUYOT DE FÈRE, 4504.
GYP [Comtesse de Martel de Janville), 9477.
GYSAUR (René), 1347.

H

HABENECK (Charles), 9280, 11500.
HACHET (Jules), 6723.
HACHETTE (Alfred), 405, 5879.
HADELN (D. Frh. v), 9623.
HADEN (Sir F. Seymour), 4351.
HAGUET (Henry), 7944.
HAHN (Alexandre), 6128.
HALBERT, 2466.
HALBWACHS (Maurice), 1824.
HALÉVY (F.), 4705, 9156.
HALÉVY (Ludovic), 9169, 9281, 9282, 11028, 11029, 11030, 11443.
HALLAYS (André), 357, 2118, 2476, 2827, 6248, 6830, 7690, 7795, 7796, 9624, 10426, 10837, 10993.
HALLOPEAU (Dr H.), 9870.
HALPERINE-KAMINSKY (E.), 10977, 11526.
HALPHEN (Eugène), 8793.
HALPHEN (Louis), 1517.
HAMEL (Charles), 2453, 2454, 6489.
HAMEL (Ernest), 803.
HAMERTON (Philip Gilbert), 342.
HAMILTON (Antoine), 8833.
HAMILTON (Cecily), 6674.
HAMON (Louis), 3282.
HAMST (Olphar), 11801.

Hamy (Dr E.-T.), 3440, 8836.

Handtke (F.), 8123, 8235, 9283.

Hanlon Lees (Les frères), 11241.

Hanotaux (Gabriel), 1172, 3863, 6691, 9419, 9625, 10245, 10658, 10892, 10893.

Hanoteau (Jean), 11827.

Hanoum (Zeynet), 8239.

Hanriot (Le général), 784.

Hans (Albert), 1197.

Hans (Ludovic), 1196, 1203.

Hansen (J.), 12414.

Haraucourt (Edmond), 11031, 11637.

Hardivilliers, 1729.

Hardy (Alexandre), 11130.

Hardy (Lt-Col E.), 4234.

Hardy (S.-P.), 8903.

Hare (Augustus J. C.), 4921, 5020.

Harlay (Ch.), 5880.

Harmand (G.), 4894.

Haro (MM.), 11990.

Harrisse (Henry), 4516.

Harrisson (Wilmot), 347, 4187.

Harthang (Robert), 630.

Hartmann (Alfred), 11991.

Hartmann (Frédéric), 11992.

Hartmann (Georges), 25, 448, 533, 1716, 2083, 5304.

Hartmann (H.), 8400.

Hartmann (P.), 5673.

Harvé (G.-O. d'), 10248.

Hatin (Eugène), 412, 3883, 3884.

Hatzfeld (Adolphe), 10228.

Haucour (Louis), 12275.

Hauser (Henri), 11833.

Haussermann (Rémy), 7829, 8056.

Haussmann (Baron G.), 1585, 2166, 2611, 2612, 9157, 10633.

Haussonville (Cte d'), 9053, 9284.

Hauteroche (Noël Lebreton, sieur de), 11318.

Hauteville (Pierre de), 6542.

Hautin (L'abbé), 2264.

Hautreux (A.), 8024.

Haüy (Valentin), 11869.

Havard (Henry), 4723.

Havard (Victor), 2216.

Haviland (Ch.), 11993.

Hawkins (Richmond Laurin), 1361.

Hay, 3366.

Hayard (Napoléon), 11577.

Hazard, 11994.

Heath (C.), 12261.

Hébert, 134, 137, 138, 139, 140, 171.

Hébert (Jacques-René), 747, 785.

Hébert (L'abbé Pierre), 5674.

Heck (Dr L.), 8138.

Hector-Hogier, 592.

Hédouin, 2043.

Hédouin (P.-E.-A.), 10864.

Heidbrinck, 11636.

Heilbronner (Raoul), 11995.

Heilly (Georges d'). V. Heylli (Georges d').

Heine (Henri), 4963.

Heinzmann (d'Ulm), 4870.

Hélène (Maxime), 10064.

Hellouin (X.), 6905.

Helmic (Yvon), 6030.

Héloïse, 6026, 6027.

Hélot (A.), 844.

Helvétius (Claude-Adrien), 10147.

Helvétius (Mme), 8932.

Hément (Félix), 1395.

Hemereux (Claudius), 6728.

Hénard (Eugène), 540, 2804.

Hénard (Robert), 1718, 1870, 2089, 5699.

Hénault (Le président), 10880.

Hennebert (Lt-Colonel), 1476.

Hennet (Léon), 915, 917, 5830.

Hennet de Goutel (E.), 5956.

Hennezel d'Ormois (Vte de), 5700.

Hennin, 9963.

Hennin (Michel), 626.

Hennique (Léon), 11720.

Henny (Charles), 278.

Henri II, 619.

Henri IV, 623, 636, 687, 691, 692, 693, 694, 1776, 1777, 1778, 8793.

Henriet (Frédéric), 6700, 8726.

Henriet (Maurice), 3749.

Henriot [Henri Maigrot], 4065, 11100

Henriot (Émile), 10994.

Henriot (Gabriel), 818.

Henriquez, 896.

Henri-Robert, 3248.

Henrotte (Joseph), 10119.

Henry (Colonel), 9450.

Henry (A.), 3143.

Henry (C.), 8855.

Henry (Charles), 8893.

Henry (Dr François), 3065.

Henry (O.), 1495.

Henry (Stuart), 5021.
Hepp (Alexandre), 10668.
Hepp (Pierre), 5995.
Hérail, 9923.
Hérard (Louis-Pierre), 2424, 6376.
Hérault de Séchelles (Marie-Jean), 786, 787, 10849.
Herbelot (Alphonse), 9054.
Herbet (Félix), 6462, 6463, 6464, 6465, 6481.
Herbette (Louis), 1034.
Herbin (Victor), 65.
Herbomez (Armand d'), 3573.
Hercé (J.), 4939.
Heredia (José-Maria de), 10531, 10634, 11996.
Héricart de Thury (L.), 1381, 2696, 2698.
Héricault (Ch. de Ricault d'), 815, 833, 843.
Héricourt (Cte Achmet d'), 3624.
Hérissant (L. T.), 7763.
Herissay (Jacques), 909, 6792.
Herisset, 123.
Hérisson, 7867.
Hérisson (Maurice, Cte d'Irrisson d'), 9285.
Herluison (H.), 1341, 1342, 4425, 6971.
Herman (André), 8401.
Hermann (Louis), 5607.
Hermant (Abel), 4069, 4070, 10337, 11032, 11033, 11414.
Hernandez (Philippe), 5509.
Héroard (Jean), 8800.
Hérodien, 10296.
Hérodote, 10297.
Herold (Ferdinand), 2613.
Héron de Villefosse (A.), 6358, 9872.
Héros (Eugène), 5110, 5302.
Hersan (P.-F.-D.), 6899.
Herscher (E.), 5022.
Hertz (Charles), 7976.
Hervé (F.), 4922.
Hervé-Piraux (F. R.), 708.
Hervey (Charles), 5109.
Hervez (Jean), 11085.
Hervieu (Jules), 2995.
Hervieu (Paul), 11415.
Hervilly (Ernest d'), 10470.
Herwardt (Barthélemy), 8854.
Hésiode, 10298.
Hessling (Egon), 12257.
Heuduin (A.), 6788.
Heulhard (Arthur), 2690, 3892, 10730.
Heuzet, 10360.
Heuzey (Ferdinand), 414.
Heuzey (Léon), 4172.
Hevesey (A. de), 11688.
Heylli (Georges d') [Edmond-Antoine-Poinsot], 1035, 1079, 1198, 1207, 3946, 5090, 5189, 5190, 5191, 5212, 5747, 5748, 8813, 8886, 8925, 9286, 9287, 9288, 9355, 9763, 9764, 10517, 10972, 11191, 11213, 11218, 11305, 11315, 11321, 11324, 11336, 11342.
Heyman (Charles), 11635.
Hild (A.), 6956.
Hildenfinger (P.), 27.
Hilpert (J.), 7946.
Himly (Auguste), 3557.
Hippeau (C.), 711.
Hirsch (Baronne de), 11997.
Hittorff (J.-J.), 445, 4602.
Hitzemann (Lt Ivan), 3374.
Hivert (L.-F.), 1382.
Hoche (Jules), 4071.
Hoche (Lazare), 8962.
Hoche (Lucien), 398.
Hochereau, 3273.
Hochsteyn (C. L. C.), 8017.
Hocquart (E.), 191.
Hodgkins (E.-M.), 11998.
Hœfer, 9765.
Hœfer (Ferd.), 10288.
Hœntschel (Georges), 11999.
Hoffbauer (F.), 341, 1533, 4606, 12139, 12170.
Hogarth (William), 4528.
Hogu (Louis), 8725.
Hohenlohe (Prince Clovis de), 9502.
Holcroft (Thomas), 8148, 9731.
Holinski (Alexandre), 8553.
Holme (Charles), 632.
Holstein (Vte d'), 6307.
Homann (Joh. Bapt.), 8034.
Homberg, 1840.
Homère, 10299, 10300.
Hondius (Jod.), 8035.
Hopkins (Tighe), 537.
Horace, 10338, 10339.
Horeau (Hector), 441, 1825.
Horeau (Victor), 5232.

Hornlimann (J.), 8501.
Hosburgh, 8216.
Hosotte (Louis), 9420.
Houdard (Georges), 6340, 6341.
Houdar de la Motte, 10549.
Houdon (Jean-Antoine), 4529, 5900, 12004.
Houel (Nicolas), 1360.
Hourticq (Louis), 4131, 4132, 4177.
Houssaye (Arsène), 576, 2110, 4964, 4977, 9827, 10471, 10669, 10864, 10874, 10894, 12259, 12361.
Houssaye (Henry), 671, 2744, 3606, 9018, 11699.
Hovius (Louis-Philippe-Claude), 9873.
Hovyn de Tranchère (J.), 8669.
Hoyau (Germain), 1533.
Hozier (Louis-Pierre d'), 9938.
Hozier de Sérigny (D'), 9938.
Hrotsvitha, 11527.
Huard (Adolphe), 8981.
Huard (Charles), 355, 355 bis, 11642.
Huard (G.), 5035.
Huard (Georges), 1712.
Huard (L.), 361.
Huberich (Charles-Henry), 9628.
Hubert, 1912.
Hubert (Armand), 10635.
Hubert (Eugène), 10636.
Hubert (Joseph), 8272.
Hubert (Jules), 2092, 2618.
Hubert (René d'), 9839.
Hubner (Baron de), 8100.
Hübner (Julius), 8145.
Hübner (Otto), 8018.
Hue (Me Jean), 6096.
Huerne de la Mothe (Fr.-Ch.), 5984.
Huet (A.-F.), 6523.
Huet (Paul), 4530, 4531, 4532.
Huet (Pierre-Daniel), 3855.
Huet (René-Paul), 4530.
Hugo (Le général), 10653, 10654.
Hugo (Eugène), 10655.
Hugo (Victor), 339, 789, 1203, 2087, 2088, 3601, 4260, 4261, 6368, 8720, 9111, 9358, 10637, 10638, 10639, 10640, 10641, 10642, 10643, 10644, 10645, 10646, 10647, 10648, 10649-10684, 10759, 11721.
Hugo (Mme Victor) [Adèle Foucher], 10652, 10678, 10679, 10762.
Hugonis (L'abbé), 3552.
Hugonis (Émile), 9110.
Hugot (Eugène), 5303.
Hugues (A.), 6391.
Hugues (Clovis), 10121.
Hugues de Beauvais, 6534.
Huisman (Georges), 1867, 2535.
Hulot (Baron), 9857.
Humbert (Frédéric), 6392.
Humbert (G.), 7948.
Humblot (Joseph), 2531.
Hume (David), 9729.
Hunkler (L'abbé), 2236.
Huppertz, 8153.
Huret (Jules), 5278.
Hurtaud, 5617.
Hurtaut, 172 bis.
Hurtrel (Alice), 8796.
Husson (A.), 394.
Husson (Armand), 2629.
Husson (Gabriel), 5730.
Husson (Georges), 6393, 6428, 8726, 8926.
Hustin (A.), 1038, 1997.
Huysmans (Joris-Karl), 613, 1485, 1486, 2294, 11648, 11649, 11650.
Hymans (Louis), 8258.

I

Ibanez de Ibero, 9630.
Ibels (H.-G.), 5330, 5332.
Ibsen (Henrik), 5327, 11514, 11515, 11516.
Ideville (Henri d'), 11651.
Imbert (P.-L.), 1383, 4072.
Imbert de Saint-Amand, 1200, 8948, 8949.
Ingold (Le R. P.), 2349, 8913.
Ingres (Jean-Dominique), 4533, 4534.
Irving (Washington), 11593.
Isabelle (Madame), 2514.
Isambert (Gustave), 821.
Iselin (Isaak), 4829.
Isnard (Albert), 8727, 12295.
Isocrate, 10301.
[Issoire (Le géant)], 465.
Izambard (Henry), 3886.

J

J... (Capitaine), 8678.
Jackson (James), 8363, 11830.

Joinville (Pierre de), 7386.
Joinville (Prince de), 9072.
Joli (Guy), 4837.
Joliet (Charles), 9767, 10687.
Jolimont (T. de), 2283.
Jollain (Jean), 5686.
Jollivet (J.), 2466.
Joly (M. de), 2526.
Joly (Albert), 1283.
Joly (Jules de), 2013.
Joly (Pierre), 6833.
Joly de Blaisy (Le président), 8834.
Jonas (Lucien), 9650.
Jonquet (R. P.), 506.
Jonveaux (E.), 9466.
Jorand, 411.
Jordan (Claude), 5581.
Jordell (D.), 3844, 3845, 3887, 11794, 12427.
Joseph II, 7801.
Joseph (Le P.), 8808.
Joseph (le P.) [1870], 9293.
Joseph (Flavius), 10302, 10303.
Joséphine (L'impératrice), 6288.
Josz (Virgile), 10526.
Jouas (Charles), 11644, 11648.
Jouassin (Clémentine), 11191.
Jouaust (D.), 3834.
Joubert (P.-Ch.), 1079.
Jouhaud (Pierre), 571.
Jouin (L'abbé), 2567, 11418, 11419, 11420.
Jouin (Henry), 2468, 3508, 4425, 4426, 4550, 12251.
Joulet de Châtillon (François), 3086.
Jourda de Vaux (Gaston), 7507.
Jourdain (Charles), 3381, 3388, 3485.
Jourdain (Frantz), 2798.
Jourdain (Gaston), 11749.
Jourde (Fr.), 1204.
Journault (L.-G.-L.), 5899.
Jouslin de la Salle, 5195.
Jouvencel (Paul de), 9299.
Jouvet, 6109.
Jouvin de Rochefort, 7187, 7799, 7800, 8114, 12176.
Jouy (Étienne de). V. Étienne Jouy.
Jubinal (Achille), 6417, 10792.
Judith (Julie Bernat, dite), 11242.
Juglar (Louis), 4427.
Julia (Alfred), 6779.
Julien (L'empereur), 10340.
Julien, 2035, 5158.
Julien, domestique de M. de Chateaubriand, 11086.
Julien-Laferrière (L'abbé), 7073.
Julienne (Jean de), 4535.
Julienne (Mme de), 8904.
Jullian (Camille), 1396, 3603, 7103, 7158, 7246, 7337, 7754, 8598, 8728, 9637, 9638, 11652, 12389.
Jullien (Adolphe), 2096, 5113, 5114, 5192, 5249, 5251, 5252, 8887, 9814, 11143, 11144.
Jullien (Amédée), 7029.
Jullien (Jean), 11176.
Julliot, 1822.
Julliot, 9300.
Junius, 1213, 3888.
Junquières (Jean-Baptiste), 6567.
Justin (D^r), 5388.
Juvénal, 10341, 10800.

K

Kaempfen (Albert), 603.
Kaeppelin (R.), 6853.
Kahn (Gustave), 1669.
Kaltbrunner (D.), 8512.
Kann (Alphonse), 12000.
Karamzin (N. M.), 855, 10876.
Karcher (Théodore), 9263.
Karéiv (N.), 1509.
Kasimirski, 9999.
Kastner (Georges), 1858.
Kaufmann (Jacques-Auguste), 5098, 5099
Kaufmann (Richard), 5023.
Kautzky (Karl), 9639.
Keil (Léopold), 937, 938.
Keller (G.), 9534.
Kennan (Georges), 8729.
Kératry (Cte E. de), 9182.
Kératry (Vte de), 2875.
Kermaingant (P.-L. de), 865.
Kern (A.), 8499.
Kerneu (Paul de), 1041.
Kersaint (Armand-Guy), 901.
Kervigan (Aurèle), 4966.
Kerviler (René), 11831.
Kervyn de Lettenhove (Bon H.), 8277.
Khanzadian (Z.), 8305.
Kirkert (Richard), 8124.

Kiepert (Heinrich), 8116, 8236, 9301.
King (Jessie M.), 1755.
Kirchheisen (V. de), 7904.
Kistemaeckers fils (Henry), 11421.
Kléber, 6944, 8983.
Kling (L.), 9302.
Kluck (Colonel-général A. von), 9640.
Knapp (Charles), 8404.
Knobelsdorf (Eustache à), 92, 93.
Kobolsky (Hermann), 1019.
Koch de Berneck, 8428.
Kock (Paul de), 4923, 11037, 11038, 11555.
Koechlin-Schwartz (A.), 8380.
Köln (Andr.), 8153.
Kœnig (L'abbé), 2397.
Kotzebue (Auguste), 4874.
Kraemer (Eugène), 12001.
Krafft (J. Ch.), 2137, 2138, 2139, 2140, 2141.
Krafft (J.-L.), 2142, 4680.
Kramer, 10269.
Krauss (Joann Ulrich), 5948.
Kretschmann (Hans de), 9303.
Kronprinz (Le) [d'Allemagne], 9641, 9642.
Kuhff (Ph.) 11557.
Kuijper (J.), 8055.

L

L... (Baron de), 2101.
Labadie (Ernest), 7207, 7251, 7252, 7288, 11855.
Labadie (J.-Émile), 1474.
Labande (J.-H.), 7889, 8784, 12326.
La Barre (E.), 2371.
La Barre (L.-S. de), 43.
La Barrière (C. de), 2566.
Labarthe (Gustave), 1042.
Labat (E.), 2044.
Labat (Gustave), 3698, 4428, 7357, 7429, 7448, 7449, 11722, 11723, 11724, 11725, 11726.
Labat (T.), 7207.
Labbé (Charles), 3190.
Labbé (Paul), 9644.
La Beaumelle (Laurent Angliviel de), 6324.
La Bédollière (Émile de), 76, 338, 381, 3370, 5515, 5516, 5786, 8527, 9305.
La Bédoyère (Cte de), 12027.
Labiche (Eugène), 11422.
La Boissière (P. B. de), 2191.
Labitte (Charles), 10961.
Laborde (Cte Alexandre de), 2536, 4650, 4715, 5648, 5947, 12290.
Laborde (Cte Alexandre de), 6163, 11669, 11684.
Laborde (Benjamin de), 11704.
Laborde (Jean-Étienne Guettard de), 11629.
Laborde (Dr J. V.), 1208.
Laborde (Léon de), 395.
Laborde (Marquis Léon de), 3661, 3684, 4190, 4651.
La Borderie (Arthur de), 10921.
Labouisse-Rochefort (De), 5658.
Laboulaye (Édouard), 8955, 9134, 10068.
Laboulbène (Dr A.), 3069.
La Bouralière (A. de), 6950.
Labrière, 3120.
La Brosse (Guy de), 3441.
Labroy (O.), 8552.
La Brugère (F. de), 7829, 8056.
La Bruyère (De), 1209.
La Bruyère (Jean de), 10817, 10818, 10819, 10820, 10821.
Labussière (C.-H.), 11131.
La Caille (Jean de), 12178.
Lacan (Ernest), 2072.
Lacaze (Athanase), 7420.
Lacépède (Cte de), 10194.
La Chabaussière, 878.
Lachaise (Dr C.), 3421.
Lachambeaudie (P.), 10688.
La Chapelle (Cte de), 1043, 9998.
La Charlonie (P. Marguerite de), 10689.
La Chataigneraie (François de Vivonne, sieur de), 8786.
Lachèvre (Frédéric), 10885, 11065.
Lachèze (Pierre), 2376.
Lacombe (Charles de), 844.
Lacombe (Ferdinand de), 6343.
Lacombe (Francis), 1348.
Lacombe (Paul), 635, 636, 762, 1362, 1363, 1364, 1670, 1719, 3820, 3821, 4248, 4760, 4872, 6756, 9932, 11865, 11866, 12263.
Lacordaire (Le P.), 9875.
Lacordaire (A.-L.), 4724, 4725.
Lacou (Jean), 7417.

La Coudrée (Cte de), 10780.
Lacouloumère (Georges), 6946.
Lacour père et fils, 7259.
Lacour (Louis), 816, 4914, 5438, 5552, 5914, 8957, 10432, 10460.
Lacretelle (Pierre de), 10701.
Lacroix, 1999.
Lacroix (Albert), 10973.
Lacroix (Albert), 8596.
La Croix (R. P. Camille de), 6951, 6952, 6956, 6957.
Lacroix (Désiré), 1734.
Lacroix (Jules), 1210, 10690.
Lacroix (P. de), 5666.
Lacroix (Paul) [Le Bibliophile Jacob; P. Jacob], 362, 363, 2504, 3788, 3793, 3802, 4429, 4821, 4822, 5459, 5913, 8779, 8843, 10439, 10465, 10472, 10473, 10550, 10551, 10809, 11035, 11036, 11262, 12159.
Lacroix (Sigismond), 763, 820, 2546.
La Curne de Sainte-Palaye, 10229.
Ladame (James), 7950.
La Dixmerie, 465.
Ladreit de Lacharrière (Jacques), 860, 10912.
Lafarge (Mme) [Marie Cappelle], 9073, 10085.
La Fayette (Ctesse de) [Marie-Madeleine Pioche de La Vergne], 8858, 10822.
Lafenestre (Georges), 4133, 4332.
Laffitte (J.), 470.
Laffont (Édouard), 7482.
Lafforgue (Dr), 7463.
Lafitte, 1923.
Lafitte (J. B. P.), 11235.
La Fizelière (Albert de), 3689, 5443.
Lafolie (Ch. J.), 1777.
Lafollye (A.), 7466.
Lafollye (Paul), 5233.
Lafon (Gabriel), 9645.
Lafond (Paul), 4430, 11751.
Lafond de Saint-Mur (Bon), 5024.
La Fons (Al. de), 6648.
La Fontaine (Jean de), 2517, 6695, 10422, 10423, 10424, 10425, 10426, 10427, 10428, 11709.
Lafont d'Aussonne, 8984.
La Font de Saint-Yenne, 1879, 1880.
La Forest (Cte de), 9026.
Laforêt (L.-P.), 11161.
La Forge (Anatole de), 656, 4431, 9350.
Lafosse (De), 11737.
La Fueille (J.-B.-L.), 478.
Lagarde (L'abbé), 1249.
Lagarde (A.) [Emmanuel Patrick], 5444, 5445.
Lagarde (Denis), 5517.
Lage de Volude (Mise de), 8966.
Lagier (L'abbé A.), 7686.
Lagneau (G.), 551.
La Gournerie (Eugène de), 69.
La Grange (Charles Varlet, sieur de), 5160.
La Gravette de Mayolas, 3902.
La Grenille (E.-G. de), 4284, 4296.
La Grive (L'abbé de), 5579.
La Guéronnière (Cte Alfred de), 1211, 1212, 9306, 9307.
Laguerre (Marie-Josèphe), 11204.
La Harpe (E. de), 8507.
Laharpe (J.-F.), 8093, 10360, 10852, 10877, 10995.
La Haye, 417.
Lahor (Jean) [Henri Cazalis], 10691.
Lainé (André), 5025.
Lair (Jules-Auguste), 25, 611, 3067, 6217, 6534, 8730, 8852, 8861, 9876, 9912.
Laisant (C.-A.), 4796.
Laisse (Mme de), 11319.
Lajarte (Théodore de), 5254.
Lalaisse (H.), 1054.
Lalande (Joseph-Jérôme de), 10009.
La Lande (Roger de), 1213.
Lalanne (L'abbé J.-P.-A.), 2477.
Lalanne (Ludovic), 7738, 8829, 8846, 9769, 9805, 10429.
Lalanne (Maxime), 1044, 3868, 5443.
La Laurencie (Lionel de), 8866.
La Laurencie (S. de), 9395.
Lalauze (Ad.), 7389, 8796, 8912, 9877, 10469, 10481, 10550, 10551, 10707, 10825, 11579, 11698, 11699, 11701.
Laligant (L'abbé P.), 3352.
Lallemand (Léon), 3093.
Lalli (Jean-Baptiste), 10176.
Laloy (E.), 2946.
La Madelène (Henry de), 4363.
Lamandé, 1758.
Lamarck (J.-B.-P.-A. de Monet, chevalier de), 9878.
Lamarque (E.), 2778.

Lamarque (Jules de), 468.
La Martonnière, 6956.
Lamartine (A. de), 7705, 10692, 10693, 10694-10703, 10932, 10933, 10934, 10935, 10936, 10937, 10938, 10939, 10940, 10941, 10942, 10943, 10944, 10945, 11700.
La Martinière (Bruzen de), 8020.
Lamazou (L'abbé), 1214.
Lamballe (La princesse de), 885, 886.
Lambeau (Lucien), 382, 579, 886, 1215, 1499, 1745, 1746, 1870, 2091, 2580, 3158, 3159, 3348, 12276.
Lamber (Juliette) [Mme Edmond Adam], 1045.
Lambert, 1456.
Lambert (L'abbé), 863.
Lambert (L'abbé E.), 2347, 2348.
Lambert (Henri), 7951.
Lambert (Maurice de), 11174.
Lambert de Ballyhier, 6607.
Lambert [de Bélan] (Ch.), 4875.
Lambin (Émile), 5553.
Lambry (Émile), 1216.
Lamennais (F. R. de), 10149.
Lamerre (Eugène), 3822.
« La Mésangère », 5026.
La Mésangère (P. de), 4856.
Lami (Eugène), 4536, 4977, 8143.
Lami (P.), 2762.
Lami (Stanislas), 4402.
Lamoricière (Général de), 3534.
Lamothe (A.), 7379.
Lamothe (L.), 7389.
Lamothe (Leonce de), 7385.
Lamothe-Langon (Baron de), 945, 946, 8923.
La Motte-Valois (Ctesse de), 8690.
Lamouroux (Alfred), 3673.
Lamouroux (G.), 3769.
Lampadius (Jacob), 9727.
Lamy (Étienne), 8990.
Lamy (Fernand), 9478.
Lancaster (Henry Carrington), 5196.
Lance (Adolphe), 9820.
Lancelin (Th.), 6344.
Lancelot, 6957.
Lancelot (D.), 7075.
Lanciani (Rodolfo), 8322.
Lançon (Auguste), 9407, 9408, 9754.
Landau (L.), 1937.
Landon (C.-P.), 321, 322, 323.
Landouzy (Dr), 7640, 7651.
Landrieux (Mgr), 6820.
Lanessan (J.-L. de), 10848.
Lanfant (H.), 5554.
Lanfranchi (Louis-Rainier), 4927.
Lange (Gabriel-Ursin), 578, 2419.
Langendÿk, 12003.
Langerack (Amory de), 6912.
Langeron (Andrault, Cte de), 9027.
Langhans (Paul), 8126.
Langlade (Jacques), 7508.
Langlet du Fresnoy (L'abbé), 8765.
Langley, 8178.
Langlois (Cel), 8985.
Langlois (Ch. V.), 2078, 11832.
Langlois (Ludovic), 9886.
Langlois (L'abbé Marcel), 6984, 8839, 10138.
Langlois (P.), 10546.
Languet de Gergy (L'abbé), 2457.
Lanjalley (Paul), 1217.
Lanne (Adolphe), 837, 3348, 8986.
Lanneau (P.-A.-V.-M. de), 1365.
Lannoy (A.-P. de), 5359.
Lano (Pierre de), 1218, 4967, 5367.
Lanquetin, 2526.
Lansac (François-Émile de), 8713.
Lanson (Gustave), 10693.
Lanusse (L'abbé), 9308, 9309.
Lanzac de Laborie (L. de), 933.
Lapauze (Henry), 902, 4243, 4244, 4546.
La Pelouze (Ed. V. de), 3901.
La Peyre, 4827.
Lapierre (Alfred), 7193, 7194.
La Pijardière (L. de), 10475.
Laplace (Pierre-Simon, Mis de), 10053.
Laplace (Mme de), 9028.
Lapommeraye (Henri de), 10476.
La Porte (Mgr de), 6923.
Laporte (Albert), 8405.
Laporte (A.-M.), 11837.
Laporte (Antoine), 3864, 9879.
La Porte du Theil (G. A. de), 10291.
Laprade (Victor de), 1999.
Laquiante (A.), 926.
La Ramie, 8660.
Larchey (Lorédan), 10255.
Larive [Jean Mauduit], 10543.
Larive (André), 6705, 6749.
Larmandie (Cte Léonce de), 5027.

La Roche (L'abbé de), 627.
Laroche (Benjamin), 11591.
Laroche (Ernest), 7169.
La Rocheterie (Maxime de), 880, 8997.
La Rochethulon (Mis de), 1219.
La Roche-Tolay (De), 7219.
Larocque (Jean), 1220.
La Roncière-Le Noury (V. Amiral), 1046, 1047.
La Roque (L'Abbé Adrien de), 10514.
Laroque (Adrien), 11185.
La Rounat (Charles Rouvenat de), 5197.
Larousse (Pierre), 11551, 11769.
Larrey (Dominique-Jean, baron), 2517.
Larribe (A.), 412.
Larronde (Carlos), 11423.
Larroumet (Gustave), 4569, 10477, 10670, 11158.
La Rue (A. de), 1048.
La Rue (Abel de), 6427.
La Ruelle (Jean de), 7952.
Lasalle (Albert de), 1049, 1050, 5255, 5286, 5323.
La Salle (Jean-Baptiste de), 8859, 8860.
Lasalle (R. de), 2362.
La Saussaye (Louis de), 7002.
La Sicotière (Léon de), 3794.
La Sizeranne (Maurice de), 10177.
Lassalle (Alexandre), 6362.
Lassalle (Émile), 3147, 3152.
Lassalle (Louis), 11679.
Lassay (Mis de), 2076.
Lasserre (Georges), 6177.
Lasserre (L'abbé J.-T.), 7491.
Lassouche [Bouquin de la Souche], 11243.
Lassus (J.-B.-A.), 2295, 2314.
Lasteyrie (Mme de), 8858.
Lasteyrie (Ferdinand de), 2526.
Lasteyrie (Robert de), 13, 1775, 1937, 2526, 4628, 4682, 9871, 9916, 11839.
La Touche (Gaston), 11755.
Latour (Alfred), 11650.
Latour (Dr Amédée), 5665.
La Tour (Mario de), 10704.
La Tour (Maurice-Quentin de), 4537-4549, 11953, 12004.
Latour (de Saint-Ybars), 11354.
La Tour du Pin (Mse de), 9029.
La Tour Saint-Igest (Cte Raoul de), 1317.
Latreille (Camille), 10702.
La Trémoille (Louis de), 9000.
Lattré, 7868.
Latude (Henri Masers de), 8905.
La Tynna (J. de), 1721, 1722, 1723, 2665.
Laudet (Fernand), 1329.
Lauer (Ph.), 3726.
Laufé (G.-M.), 613.
Laugier (André), 638.
Laugier (Eugène), 5198, 5199.
Laumonier (Paul), 10403.
Launay, 6023.
Launay (De), 5773.
Launay (L'abbé de), 8754.
Launay (Louis de), 861.
Laur (Francis), 9433.
Laurençon (L'abbé), 2414.
Laurens (Jean-Paul), 11580.
Laurens (P.-A.), 9919.
Laurent, 3902.
Laurent, 5196.
Laurent (Charles), 1051.
Laurent (L'abbé Claude-Ignace), 9911.
Laurent-Hanin, 5883.
Laurentie (J.), 639.
Laussedat (Col), 9310.
Lauth (Ch.), 4739.
Lauzun (Armand-Louis de Gontaut, duc de), 4855, 8957.
Lauzun (Philippe), 7454, 7455, 8969.
Laval (L'abbé G.-G. de), 5787.
La Valette (Mis de), 3042.
Lavallée (Albert), 5555.
La Vallée (Joseph), 7807.
Lavallée (Théophile), 67, 6319, 10830.
La Vallée Poussin (L. de), 437, 450, 2130, 8364.
La Vallière (Louise de), 8861, 8862.
Lavaquery (E.), 10561.
Lavarenne (Ch. de), 959.
La Vaussérie (Vte de), 1052.
Laveau (Camille-Pierre), 1366.
Lavedan (Henri), 1773, 11039, 11040.
Laverdet (Claude), 10408.
Lavergne (Claudius), 2397, 2455, 4432.
Lavernhe (J.), 1525.
Lavialle de Lameillère, 9455.
Lavigerie (Baron Olivier de), 6119.
Lavigne (Herbert), 4423.
La Ville de Mirmont (H. de), 7253, 7361, 10328.
Lavilleguille (A. de), 2424, 3358.

Lavoix (Henri), 10478.
Law (Ernest), 8195
Laya (Alexandre), 9063.
Lazard (Lucien), 2619, 2622, 3672, 5362.
Lazare (Félix), 1726, 1727, 1728, 3672, 12135.
Lazare (Louis), 383, 529, 593, 1726, 1727, 1728, 2537, 2548, 3672, 4960, 12135.
Léandre (C.), 494, 10919, 11755.
Le Barbier (Louis), 6643, 9646.
Le Baron (Dr), 3404.
Lebas (A.), 1743.
Lebas (Jehan), 7067
Le Bas (Ph.), 7749.
Lebègue (Léon), 11896.
Leber (C.), 3889, 5702.
Leber (E.), 8610.
Le Berquier (Jules), 1633.
Lebert (F.), 6498, 9647, 9648.
Lebeuf (L'abbé Jean), 45, 46, 47, 48, 49, 50, 51, 6545, 8993.
Leblanc (Henri), 9610.
Leblanc de Ferrière, 201, 331.
Le Blant (Julien), 11720.
Leblond (Marius et Ary), 9649.
Le Blond (Maurice), 4561.
Lebœuf (Louis), 6178.
Le Boulanger de Chalussay, 11297.
Lebourgeon (Pierre), 7127.
Le Breton (Gaston), 4740.
Lebrun, 198.
Lebrun (Général), 9311, 9312.
Lebrun (Armand), 2420.
Le Brun (Charles), 1881, 2092, 4113, 4550, 4551.
Le Brun (Eugène), 8862.
Le Brun (Firmin), 298.
Le Brun (Henri), 1053.
Lebrun (Henri), 9742.
Lebrun (P.-A.), 2203.
Lebrun (Pierre), 10996.
Le Camus de Mézières, 6568.
Le Canu (Toussaint), 9880.
Lecaron (Frédéric), 640.
Lecerf (Hippolyte), 6569.
Lecerf (Z.), 10086.
Lecestre (Léon), 1349, 8838, 8840.
Le Chaplain (J.), 8972.
Le Charpentier (Henri), 6218, 6219, 6234, 9867.
Le Chatelier (L.), 2989.
Léchelle (Mlle Luisa) [Mme Just Chatrousse], 9835.
Le Chevalier (Lucien), 1221.
Le Cholleux (R.), 9650.
Le Clerc (Général), 9881.
Leclerc (Alfred), 5951.
Leclerc (Émile), 5028.
Leclerc (Georges), 2658.
Leclerc (Jean), 9847.
Le Clerc (Jos.-Vict.), 10312.
Leclerc (Louis), 1054.
Le Clerc (Sébast.), 5949.
Leclercq (Dom H.), 2387.
Leclère (Tristan), 4571.
Leclerq (Th.), 12378.
Lécluse, 4744, 4745.
Lecocq (Georges), 3314, 4547, 6713, 6730, 6731, 6748.
Lecomte (L'abbé A.), 6692.
Lecomte (Jules), 3031, 4073.
Lecomte (L.-Henry), 9005, 11151, 11193, 11194, 11197, 12363.
Lecomte (Maurice), 6473, 6701, 7568.
Leconte (Émile), 2296.
Leconte de Lisle, 9479, 10300, 10705, 10706.
Le Coq de Kerland (Robert), 7973.
Le Cot, 5632.
Lecot (V.), 7953.
Le Coürt (Jules de), 8178.
Lecouteux (Édouard), 5556.
Lecouturier (Henri), 960.
Le Couvreur (Adrienne), 5211, 5212, 11244.
Le Coz, 888.
Lécureux (Le père), 3868.
Lecuyer (R. P. Laur), 1222.
Leczinska (Marie), 8879.
Ledain (Bélisaire), 6953, 6959, 7088.
Ledent (Ctesse), 9313.
Ledieu (Alcius), 6781, 9840.
Ledos (G.), 3610.
Ledoux (C. N.), 4669.
Ledru (Émile), 6994.
Ledru-Rollin (Alexandre-Auguste), 10163
Le Faure (Amédée), 1055, 9314.
Lefebvre (G.), 3019.
Lefebvre de Beauvray, 456.
Lefebvre Saint-Ogan, 6608.
Lefeuve (Charles), 1719, 2029, 2032,

2055, 2240, 2244, 3502, 3503, 3548, 5518, 5834, 6193, 12248.
Lefèvre, 7954.
Le Fèvre (L'abbé Antoine-Martial), 2257, 2276.
Lefèvre (Charles), 6703.
Le Fèvre (Édouard), 2220.
Lefèvre (Émile), 6515, 7578.
Lefèvre (Louis-Eugène), 641, 6095, 6096, 6097, 6153, 7570.
Lefèvre (L'abbé Louis), 10804.
Lefèvre (O. T.), 5583, 5584.
Lefèvre-Pontalis (Antonin), 9882.
Lefèvre-Pontalis (Eugène), 2500, 3515, 4619, 6536, 6985, 6991, 9883, 11838, 11839.
Lefèvre-Pontalis (Germain), 25, 5797, 6173, 9904.
Leffondrey (Jules), 8720.
Léfix, 2955.
Lefort (Jean), 3870.
Lefranc (Abel), 3497.
Le Franc (Pierre), 10503.
Le François (L'abbé A.), 8011.
Lefrançois (E.), 10082.
Lefuel (Hector-Martin), 1913.
Le Gal (Étienne), 10249.
Legay (Tristan), 10671.
Léger (Charles), 10896.
L'Église (Fernand de), 5649.
Léglise (L'abbé S.), 11622.
Le Goff (L.), 9184.
Legouvé (Ernest), 10479, 11424.
Legouvé (G.), 10707.
Legoux (J.), 11369.
Legoyt (M.-A.), 7943.
Legran (W.), 364.
Legrand (A.), 5626.
Legrand (Arthur), 2120.
Legrand (H.), 3, 5.
Legrand (J.-G.), 321, 322, 323.
Le Grand (Léon), 892, 3102.
Legrand (Louis), 11729.
Legrand (Dr Max-Albert), 10273.
Legrand (Maxime), 6098.
Legrand (Noé), 3405, 3406.
Legrand d'Aussy (P.-J.-B.), 10381.
Legras (Félix), 11584.
Legrelle (A.), 9315.
Legrip (Frédéric), 2386.
Legris (F.), 9316.
Leguay (Louis), 548.
Lehaguez, 232, 243, 258.
Lehautcourt (Pierre) [Général Palat], 9317, 7318, 9319, 9320.
Le Hénaff (Cel), 9651
Le Hir (L.), 2982.
Lehman, 12005.
Lehman (Dr H.), 8513.
Lehman (Henri), 2591.
Lehugeur (Paul), 11510.
Leighton (John), 1223.
Lejeune (L'abbé), 11627.
Le Jeune de Boulencourt, 1975.
Le Kain (Henri-Louis), 12205.
Le Laboureur, 6345.
Lelarge (André), 9846.
Le Lasseur (Mme), 1224.
Lelec (Pierre), 9884.
Leleux, 174.
Lelièvre (L'abbé Henri), 7322.
Le Lion-Damiens, 11169.
Leloux (Adrien), 11045.
Leloir (Alexandre-Louis), 10435.
Leloir (Maurice), 11732.
Lelong (Jacques), 8611
Le Maguet (Dr P.-E.), 3422.
Le Maire, 109.
Lemaire (Emmanuel), 6710, 6732.
Lemaistre (Alexis), 3583.
Lemaistre (F.), 223.
Lemaistre (J.-G.), 5952.
Lemaître (A.), 1889.
Lemaître (Henri), 3699.
Lemaître (Jules), 11133, 11425, 11727, 11905.
Leman (Jacques), 11732.
Le Mansois Duprey, 642, 2538.
Lemaout (Emmanuel), 3430.
Lemarchand (Ernest), 5788.
Lemarchand (Georges), 1475, 2008, 5557.
Lemarié (E.), 6431, 6432.
Lemas (Th.), 9321.
Le Masson (J.-B.), 4266.
Lemay (Gaston), 8103.
Lemazurier (P. D.), 5200.
Lemelle (Jules), 1056.
Lemer (F.), 5038.
Lemer (Julien), 1846.
Lemercier (Abel), 1384.
Lemercier (Louis), 605.

Lemercier de Neuville, 9503, 11426, 11427, 11428.
Lemerer (Roland-Gaspard), 757.
Lemesle (Charles), 11461.
Lemire (Charles), 9769, 8770.
Le Mire (E.), 10838.
Lémit (L.), 731.
Le Moine, 4179.
Lemoine (Henri), 89.
Lemoine (Jean), 10839.
Lemoisne (Paul-André), 4536.
Lemonnier, 1225.
Le Monnier (L'abbé), 8915.
Lemonnier (Alphonse), 5307, 11245.
Lemonnier (Henry), 3544, 3545, 3559, 4657, 11730.
Lemonnyer (J.), 1226.
Lémonon (Ernest), 9652.
Lemoyne (P.-H.), 1898.
Le Myre de Villers (Charles-Marie), 9885.
Lesclide (Mme Richard), 10672.
Lespès (Léo), 4894.
Lenoir (Albert), 1587, 1868, 1949, 1976.
Lenoir (Alexandre), 3144, 4215, 4216, 4217, 4218, 4219, 4470, 4683.
Lenoir (Jean-Charles-Pierre), 4838.
Lenormand (F.), 6194.
Lenormand (H.-B.), 11429.
Lenormand (J.), 8305.
Le Nostre (André), 4716, 4717.
Lenôtre (G.) [Théodore Gosselin], 535, 719, 754, 848, 866, 867, 871, 872, 874, 3233, 3326, 3363, 8671, 11675, 12090.
Léon (Mme Léonie), 9433.
Léonard (Le coiffeur), 883.
Léonard (Joseph), 59.
Léon-Petit (Dr), 10455.
Léopold, 822.
Léotard (Jacques), 7701.
Lepage (Auguste), 1337, 5422, 5432, 5433, 8731.
Lepage (Francis), 1802.
Le Paige (J.-S.), 818.
Le Paire (Jacques-Amédée), 6492.
Lepape, 4553.
L'Épée (Abbé de), 3111, 3112.
Lepeintre (A.), 7683.
Le Peletier d'Aunay (L.), 9467.
Lepeletier de Saint-Fargeau (Louis-Michel), 788.
Lepelletier (Edmond), 1228.
Le Pelletier (Émile), 4053.
Lepère (Auguste), 2353, 4000, 5035, 10658, 10892, 11649, 11658, 11755.
Lepesteur (E.), 7781.
Le Petit (Alfred), 5447.
Le Petit (Claude), 4800.
Le Pileur (Dr L.), 875, 2502, 3334, 4528, 5380, 5381, 5382, 5383, 8875, 10175, 10176, 11753.
Lepreux (Georges), 3825.
Le Prieur (J.-C.), 6195, 6196.
Le Prince, 3700.
Le Queux (William), 9653.
Lequien (Émile), 254.
Lequin (Georges), 9055.
Le Rat, 10712.
Léris (De), 5116.
Lermina (Jules), 10256.
Lermusiaux (F.), 8732.
Leroi (Antoine), 6794.
Le Roi (J.-A.), 743, 5884, 8809.
Lerou (Émilie), 11246.
Le Rouge, 1799, 8037.
Le Rouge (Gustave), 423.
Leroux (Alfred), 7260, 7261, 7262.
Leroux (B.), 1708.
Le Roux (Hugues), 4074, 4075, 5348.
Leroux (J.), 5256.
Le Roux (Marc), 7619.
Leroux-Cesbron (C.), 1962, 5519, 5713, 5714.
Le Roux de Lincy (A.-J.-V.), 4, 409, 1781, 1948, 2394, 2581, 2590, 2606, 3163, 9856, 11558, 11559
Leroy (L'abbé A.), 10178.
Leroy (Ferdinand), 7408.
Leroy (Gabriel), 6394, 6401, 6402, 6412, 6430.
Leroy (Onésime), 10542.
Leroy (Pierre), 7026.
Le Roy de Sainte-Croix, 11560.
Le Roy des Barres (Dr A.), 3459.
Le Sage, 1687.
Lesage (Alain-René), 10853, 11320, 11321.
Lesage (Léon), 419, 1626.
L'Escalopier (Cte Charles de), 9861.
Lescure (M.-F.-A. de), 5953, 6296, 8615, 8616, 8907, 8944, 11327.
Le Senne (Camille), 5117, 11162.

Le Senne (Émile), 438, 446, 1924, 2107, 2108, 10120, 10708.
Le Senne (Eugène), 12156.
Le Sergeant de Monnecove (Félix), 8733.
Lesguillon (J.), 10709.
Lesmayoux (L'abbé), 1181.
Le Soudier (H.), 3890.
Lespès (Léo), 384, 385, 5257.
Lespinasse (René de), 9, 10, 7030.
L'Esprit (A.), 406, 2297.
Lesseps (Ferdinand de), 9504.
L'Estoile (Lt de), 916.
L'Estoile (Pierre de), 3899.
Lestonnac (Jeanne de), 8864.
Le Sueur (Eustache), 1803, 2486, 4113, 4552.
Lesueur (Dr Frédéric), 7001, 7003, 7007, 7008.
Lesueur (Pierre), 7001, 7007.
Letainturier-Fradin (G.), 11192.
Le Talleur (Guillaume), 3824.
Letelié (André), 7077.
Letorey (A.), 1710.
Letrone (Ludovic), 2073.
Letronne, 2316.
Letuaire (Henri), 9019.
Levallois (Ernest), 5029.
Levallois (Jules), 5520, 6474.
Levasseur (E.), 7977.
Levasseur (Henry), 6270.
Levasseur (de la Sarthe), 8994.
Le Vayer (Jean-François), 10561.
Le Vayer (Paul), 1876, 2112, 2487, 12343.
Levé (A.), 4484, 10090.
Levraux (Alphonse), 9890, 11148.
L'Eveillé (L'ingénieur), 9886.
Level (Maurice), 11041.
Lévêque (Henri), 10256.
Lever (Charles), 11595.
Le Verdier (Henri), 1057.
Le Verdier (Pierre), 3824.
Levesque (Charles), 12006.
Levesque (E.), 10804.
Levesque (Henri), 7185.
Levicomte, 2532.
Levic-Torca, 5030.
Lévy, 12007.
Lévy (Nathalie), 2654.
Lewine (J.), 11880.
Lex (Léonce), 7555, 7687.
Leyendecker (Marcel), 4741.
Leynadier, 1576.
L'H*** (C.), 11014.
L'Héritier (Michel), 7104, 7254, 7255, 7290, 7396, 7397, 7954.
L'Hermitte (M. J.), 6184.
Lheureux (Paul), 3315, 8528.
Lhomer (Jean), 9905.
Lhomme (F.), 81, 82.
L'Hospital (J.-E.), 7291.
L'Hote (Nestor), 1741.
L'Huillier, 6395.
Lhuillier (Th.), 6505.
L'Huillier (Th.), 8726.
Lhuillier (Victor), 1476.
Libri [— Carbucci della Sommaia] (G.-B.-J.-T.), 10951, 11793.
Lichnouvsky (Le prince), 9655.
Licot (Ch.), 7578.
Liebbe (Élias), 6536.
Liégeard (Stéphen), 9170.
Liesville (A.-R. de), 2745, 2746.
Lieutier (Paul), 5659.
Liger (F.), 1445, 3460.
Ligne (Le prince de), 8889.
Ligne (La princesse Hélène de), 8933.
Lignerolles (Cte de), 3795.
Lillaz (Paul et Henri), 1366.
Lille (Fortuné de), 1174.
Limanowski (Stanislas), 8369.
Limet (Charles), 4928.
Linguet (S.-N.-H.), 3316.
Lionnet (Anatole et Hippolyte), 11247.
Liphard (L'abbé Charles), 6034.
Lipowski (Général de), 9186.
Lireux (Auguste), 9081.
Lisbonne (Maxime), 11228.
Liskenne (Ch.), 8734.
Lisola (Baron Paul de), 8823.
Lissac (Pierre), 10125
Lissagaray (Prosper-Olivier), 1229, 1230.
Lister (Martin), 4824, 4825, 12339.
Littré (Émile), 10179, 10230.
Livet (Ch.-L.), 1233, 10480.
Livry (Emma), 11206.
Lix, 9347.
Lloyd (Le général), 9004.
Lobet (J.), 5644.
Lobineau (D. Guy-Alexis), 42.
Lock, 8170.
Lock (Frédéric), 644, 1235, 1690, 12136.

LOCKE, 10140.
LOCKROY (Édouard), 9505.
LOÈVE-VEIMARS (F.-A.), 12345.
LOGEAIS, 7016.
LOGEROT (Auguste), 12311.
LOISEAU (Georges), 11524.
LOISEL (L'abbé), 6877.
LOISEL (Gustave), 5349.
LOISELEUR (J.), 8670, 10481, 10482.
LOLIÉE (Frédéric), 2109, 4968, 5201, 5202, 7036.
LOMBARD (H.), 1344.
LONGIN, 10405.
LONGNON (Auguste), 27, 1526, 3520, 7755, 8599, 8635, 10391, 11220.
LONGNON (J.), 6859.
LONGPÉRIER (Adrien de), 1938, 4169, 9887.
LONGUET (Charles), 1247.
LONGUEVILLE (Duc de), 8865.
LONGUEVILLE (Louis), 7193, 7195.
LONLAY (Dick de), 8579, 9325.
LOPE DE VEGA, 11517.
LOPES (Hierosme), 7326, 7327.
LOPEZ (T.), 8299.
LOQUIN (Anatole), 3306, 10483.
LOQUIN (Antoine), 3304.
LORDE (André de), 11430, 11431, 11431 bis.
LORÉDAN (Jean), 9656.
LORENZ (Otto), 3846, 11794, 12427.
LORET (Jean), 3901.
LORIN, 836.
LORIN (F.), 5886, 6186, 6187, 6269, 6270.
LORIN (H.), 7129.
LORRAIN (Jean) [Martin-Paul-Alexandre Duval], 11432, 11433.
LORRAINE (Charles de), 3249.
LORRIS (Guillaume de), 10384.
LORTSCH (Charles), 544.
LOTH (Arthur), 11561.
LOTH (Mgr Julien), 8904, 8953.
LOTI (Pierre) [Julien Viaud], 3604.
LOTTIN (Augustin-Martin), 4832, 4833, 4834.
LOUA (Toussaint), 1510.
LOUANDRE (Charles), 11797.
LOUBENS (Didier), 10209, 10210, 10250.
LOUBENS (Émile), 10150.
LOUBET (Émile), 9456, 9457, 9458.
LOUDUN (Ernest), 977.
LOUIS XI, 7481.
LOUIS XII, 8779.
LOUIS XIII, 1748, 1749, 1750, 7270, 8800, 8801, 8802, 8803, 8804.
LOUIS XIV, 1754, 1990, 3197, 8721, 8812, 8813, 8816, 8817, 8818, 8861.
LOUIS XV, 1991, 8879, 8880.
LOUIS XVI, 743, 3340-3342, 8621, 8942, 8943, 9968.
LOUIS XVII, 3158, 3343-3352, 3354.
LOUIS XVIII, 835, 927, 3349, 6047, 9036.
LOUIS-PHILIPPE, 874, 2036, 8949.
LOUIS (Victor), 5132, 7380, 7381, 8958, 9888.
LOUIS-LANDE, 1058, 1059.
LOUISE-ÉLISABETH DE FRANCE, 5071.
LOUPOT, 4553.
LOURDEY, 5060.
LOUVEL (Louis-Pierre), 4702.
LOUVET (A.), 2364.
LOWNDES, 11881.
LUBERSAC (L'abbé de), 4652.
LUCAS, 62.
LUCAS (Le Cdant), 9019.
LUCAS (Charles), 1451, 2381, 4249.
LUCAS (Claude), 1546, 2933, 12179.
LUCAS (E. V.), 4969.
LUCAS (Hippolyte), 5203, 11115.
LUCCHÉSINI (J. de), 9021.
LUCE (Siméon), 8767.
LUCE DE LANCIVAL (J.-C.-J.), 10710.
LUCHAIRE (Achille), 3389.
LUCHET (Mis de), 4849, 4850.
LUCIEN DE SAMOSATE, 10304.
LULLIER (Charles), 1236.
LULLI (Jean-Baptiste), 8866, 8867, 8868, 10437.
LUMAGNE (Marie), veuve Polaillon, 5869.
LUMIÈRE (Henry), 5204.
LUNEL (B.), 2127.
LUNEL (Ernest), 11149.
LUNOIS (Alexandre), 11632.
LURBE (Gabriel de), 7159.
LURINE (Louis), 336, 3288, 4970, 5527, 10997, 12238.
LUSSAULT, 9807.
LUSSON (A.-L.), 2392, 2642, 5236.
LUSSY (Éd.), 5306.
LUTHEREAU, 1740.
LUX (Jean), 1237.
LUYNES (Charles-Philippe d'Albert, duc de), 8906.

Lyden (E.-M. de), 8683.
Lyon (Henri), 11434.
Lyonnet (Henri), 10484, 11182.
Lysias, 10305.

M

M... (G. de), 2944.
Mabille, 9642.
Mabille (Émile), 11067.
Mabille (H.), 6449.
Mabillon (Jean), 2494, 10823.
Mably (Gabriel Bonnot de), 10854.
Macario (Commandeur M.), 6436.
Macaulay (Lord), 11596.
Macaulay (Le R. P. Kenneth), 9730.
Mac-Auliffe (Dr Léon), 919.
Macdonald (Frederika), 10875.
Macé (Jean), 10180.
Machiavel, 11621, 11622.
Macie (N. M.), 2542.
Maciet (Charles), 1060.
Mackay (Dorothy-Louise), 3032.
Mac Leod, 8206.
Mac-Mahon (Maréchal de), 1238, 1239, 9390.
Macon (Gustave), 4433, 6544, 6570, 6571, 6572, 6573, 6574, 6672, 9810.
Macrobe, 10342.
Madame [Elisabeth-Charlotte, duchesse d'Orléans], 8908.
Madaune (L'abbé), 2448.
Madden (J. P. A.), 3854.
Maeterlinck (Maurice), 11436, 11437, 11438.
Maffre de Baugé (Achille), 10527.
Mager (Henri), 7873, 8025.
Magnac (Jean), 4732.
Magne (L'abbé), 6675.
Magne (A.), 5328.
Magne (Émile), 7036, 10485, 10522, 10758.
Magne (Lucien), 4434, 4435.
Magnin (Aug.), 8488.
Magnin (Charles), 11109.
Magnin (Joseph), 9889.
Magnon (H.), 6903.
Magny, 172 bis.
Magny (Charles), 545.
Magot, 1294.
Magne de Saint-Aubin, 9890.
Mahalin (Paul), 5118, 5390, 9328.
Mahaut, comtesse d'Artois, 8759, 8760.
Mahelot, 5196.
Mahler (A.), 9813.
Mahler (P.), 2485.
Maignan (Albert), 2337.
Maigret (Léon), 9326.
Mailland, 12010.
Maillard (Firmin), 1240, 2007, 3359, 3893, 4076.
Maillard (J.), 6271.
Maillard (Léon), 4248, 4471.
Maindron (Ernest), 1735, 5119.
Maindron (Maurice), 4587.
Mainguet, 6199.
Maintenon (Mme de) [Françoise d'Aubigné, veuve Scarron], 6320, 8870, 10524, 10830, 10831.
Maire (A.), 6382.
Maire (N.), 327, 12193, 12194, 12195, 12197, 12198.
Maison (Napoléon-Eugène), 9891.
Maistre (Henri), 23, 11869, 11874.
Maitre (Émile), 2539.
Malapeau, 11702.
Malaval (Armand), 196, 255.
Malenfant (Léon), 1061.
Malet (Le général, Claude-François de), 9014.
Malet (Gilles), 6068.
Maleville (J.), 4052.
Malher (A.), 6609.
Malherbe (Ch. de), 5284.
Malherbe (Émile), 10840.
Malherbe (François de), 611, 10406, 10429.
Malingre (Claude), 38, 39, 40.
Mall (Georges), 1062, 1063.
Mallarmé (Stéphane), 4557.
Mallet (Allain Manesson), 7995, 11653.
Mallet (C.-F.), 1415.
Mallet (Ernest), 6221, 6222.
Mallet (Ferdinand), 6785, 9327.
Mallet (François), 1064.
Mallet (H.), 8477.
Mallevoue (F. de), 6798.
Malo (Charles), 348, 12345.
Malte-Brun (V.-A.), 5521, 6150, 6187, 8012, 8546.
Malvezin (Pierre), 10208.
Manaut (S.), 7480.
Manceau, 11008.

Manchon (Gaston), 11745.
Mancini (Marie), 7080.
Mandé (Saint), 9980.
Mandle (H. J.), 12011.
Mandrin (Louis), 8934.
Mané. — V. Pène (H. de).
Manet (Édouard), 4367, 9892.
Mangeant (P.-E.), 4529.
Mangeon (Ernest), 6527.
Manin (Daniel), 9734, 9735.
Manks, 1242, 1299.
Manne (E.-D. de), 5291.
Manseau, 5954.
Mansion (Colard), 3825.
Manteyer (Georges de), 3350.
Mantien (Alfred), 11654.
Manuel (Eugène), 476.
Manville (Armand), 2436.
Manzoni (Alexandre), 11623.
Maquest (Pierre), 1065.
Maquet (Adrien), 5887, 6033, 6041, 6113, 6154, 6364.
Maquet (Auguste), 3209, 3300, 5778, 11439, 12163.
Maracheix (Lucien), 8848.
Marais (Mathieu), 8907.
Marandat (Henry de), 499.
Marat (Jean-Paul), 777, 779, 790, 8978.
Marbeau (Édouard), 10164.
Marc (Édouard), 6346.
Marcel (A.), 2359.
Marcel (André), 386.
Marcel (Étienne), 11, 1371, 11374.
Marcel (G.), 8659.
Marcel (Gabriel), 618, 626, 1527, 1528, 7842.
Marcel (Pierre), 3727, 4194, 4421, 4551.
Marcelli (Mme Anaïs), 10711.
Marcère (E.-L.-C. de), 9421.
Marchal, 5715.
Marchal (Charles), 9900.
Marchal (Paul), 9893.
Marchand (A.), 9657.
Marchand (Alfred), 9329.
Marchand (Jean Henri), 11322.
Marchant (F.-M.), 183, 189, 190, 191.
Marche (L'abbé B.-A.), 7049.
Marcheteus, 5235.
Marchiatti (S.), 11058.
Marcou (Frantz), 4220.
Marcoy (Paul), 8538, 8555.
Marczell de Nemes, 12012.
Mardrus (Dr J. C.), 11628.
Maréchal (Henri), 1845.
Maréchal (Dr Philippe), 451, 1330, 3249, 7577.
Maréchal (L'abbé F.), 6108.
Mareschal (Georges), seigneur de Bièvre, 8871.
Mareschal de Bièvre (Gabriel), 2129, 8871.
[illegible]ot (F. de), 11305.
Marescot du Thilleul, 3033.
Maret (Henry), 4079.
Mareuse (André), 5522, 6568.
Mareuse (Edgar), 23, 25, 452, 533, 612, 1525, 2188, 3467, 5835, 6211, 7187, 7338, 9933, 10543, 10838, 11646, 11647.
Marlux (Toussaint), 861.
Marforio, 1243.
Margry (Am.), 2085, 6676.
Margry (Pierre), 8849.
Marguerite d'Angoulême, 10787.
Margueritte (Paul), 11042.
Margueritte (Paul et Victor), 1244, 1281.
Maricourt (Baron André de), 3296, 6535, 6677, 8971, 8987, 9533.
Marie (La Vierge), 9983.
Marie (Adrien), 2778.
Marie (Maximilien), 10004.
Marie-Amélie, 8949.
Marie-Antoinette, 880, 881, 882, 883, 884, 910, 1907, 3325, 3326, 5913, 5914, 8879, 8945, 8946, 8948, 8984, 9002, 9968.
Marie d'Angleterre, 5068.
Marie-Josèphe de Saxe, 8940.
Marie-Sophie (La Mère), 3541.
Marie-Thérèse, 8946.
Mariéton (Paul), 10735.
Mariette (Auguste), 2728.
Mariette (Jean), 2131.
Mariette (Pierre-Jean), 1991, 4436.
Marigny (Mme de), 860.
Marillier (L.), 697, 10971.
Marin, 209.
Marion (Jules), 6379.
Marion (Paul), 11563.
Marion du Mersan, 3744. V. Dumersan.
Marionneau (Charles), 7332, 7333, 7358, 7359, 7391, 9888.

Marivaux (Pierre Carlet de Chamblain de), 11323, 11324, 11325, 11326, 11327, 11328, 11329.

Marlaux (L'abbé M. L.), 6049.

Marles (J. de), 388.

Marlet (L.), 6965.

Marmier (Xavier), 8366.

Marmontel (J.-F.), 10855.

Marmottan (Paul), 477, 1766, 1854, 1914, 1932, 3781, 4437, 4517, 5716, 9020, 9021, 9028, 9572, 9922.

Marmottan (P.-J.-H.), 9805.

Marnay (A.-J.), 9480.

Marny, 5460.

Marot (Clément), 10398, 10400.

Marot (Jean), 2143, 4653, 10399, 10400.

Maroteau (Gustave), 1141.

Marotte, 9330.

Marquet de Vasselot (J.-J.), 4134, 11842.

Marquis (Léon), 6099, 6100, 6503.

Marquiset (Alfred), 8616.

Marrier (Martin), 2501.

Marryat (Captain), 11597.

Marsan (Jules), 3920, 3921, 10743.

Marsaux (L'abbé L.), 6112, 6121, 6433, 6546, 6547.

Marsuzi de Aguirre (C.), 1890.

Marsy (Cte A. de), 6536, 6542, 6602, 6610, 6611, 8212, 8736, 10519, 10998.

Martainville (A.), 5181.

Marteau (Pierre), 10384.

Martel (Michel), 2609.

Martel (Tancrède), 5031, 11440.

Martellet (Mme), 10736, 10737.

Marthold (Jules de), 1066.

Martial (A.-P.) [Adolphe-Martial Potémont], 399, 426, 1245, 2189, 2190, 11143, 11655, 11656, 12143, 12254.

Martin, 4553.

Martin (Alexis), 266, 346, 356, 387, 5523, 5524, 6538.

Martin (Alfred), 2934, 5750.

Martin (Alice), 9658.

Martin (Alphonse), 6890.

Martin (Camille), 4684, 8456, 8478, 8479, 8480.

Martin (Henri), 8600, 8825, 9734.

Martin (Henry), 27.

Martin (Jules), 9948, 9949.

Martin (Laurent), 1246, 9331.

Martin (Léon), 2540.

Martin (Louis-Auguste), 6036.

Martin (Louis-Léon), 4553.

Martin (Maurice), 7130, 7139.

Martin (Olivier), 3194, 3195.

Martin (P.), 7555.

Martin (Th.-Henri), 7987.

Martin des Pallières (Général), 9332.

Martinet, 12128.

Martinet (André), 4146.

Martin-Gauthereau (André), 11740.

Martin-Ginouvier (F.), 1331, 2926.

Martinien (A.), 9333.

Martino (Giacomo de), 8352.

Martin-Rey, 1077.

Martin-Saron (F.), 4696, 4698, 4699, 6065.

Martonne (A. de), 6997, 11789.

Marty (André), 11657.

Marty-Laveaux (Ch.), 10415.

Marucchi (Horace), 8323.

Marvaud (Angel), 9659.

Marville (M. de), 27.

Marx (Adrien), 4080, 4081.

Marx (Karl), 1247.

Marx (Roger), 4565, 11680, 12013.

Mas (Émile), 3869, 5205.

Mas-Latrie (J. de), 2389, 8612.

Maspero (Gaston), 9894.

Massa (Philippe Régnier, Mis de), 2097.

Massard (Émile), 1332, 2567, 2568, 9660.

Massart (Jean), 9661.

Masse, 8024.

Massé (J.-B.), 4554.

Masse (Jules), 7655.

Massenet (Jules), 9506.

Massi (H. J.), 8324.

Massieu (Isabelle), 7813.

Massillon (J.-B.), 10824.

Massin de Miraval (F.), 7505.

Masson (L'abbé), 5628.

Masson (A. et M.), 5955.

Masson (Frédéric), 1751, 3592, 8831, 9007, 9008, 9009, 9102, 9935.

Masson (J.), 12014.

Masson de Saint-Amand (A.), 646.

Masson-Forestier, 6843, 10516.

Mata-Hari [Margaretha Geertruida Zelle], 9660.

Mataigne, 7765.

Mathews (Mme), 11043.
Mathias (François), 4474.
Mathieu (P.), 3110.
Mathieu (R.), 5752.
Mathiez (Albert), 769.
Mathilde (La reine), 8730.
Mathilde (Princesse) [Mathilde-Lætitia-Wilhelmine Bonaparte], 12015.
Mathon, 6631.
Matignon (Joachim de), 8784.
Matthews (J. Brander), 5120.
Matton (Auguste), 6702.
Mauclair (Camille), 4574, 11728.
Mauclaire (Dr Pl.), 3407.
Mauduit (A.-F.), 3686.
Maufras (De), 3907.
Maugarny (C.-A.), 5695.
Mauger (Albert), 1503.
Mauget (Irénée), 9103.
Maugras (Gaston), 862.
Maulde (R. de), 8785.
Maulvault (A.), 6250.
Maunoir (C.), 7978.
Maunoury (Maréchal), 9565.
Maupassant (Guy de), 10712, 10946, 10947, 11729.
Maupassant (Jean de), 10774.
Maupeurché (M. de), 11663, 12341.
Maupoint (Jean), 680.
Mauras (Alfred), 2935.
Maurbrun, 1925.
Maurepas (Cte de), 11546.
Maurette (F.), 9662.
Maurey (Max) [Max Rapoport], 11441.
Maurice (Charles), 1720, 5206.
Mauriceau Beaupré (Ch.), 5956.
Maurin (Albert), 9193.
Mauris (Jules), 10503.
Mauro (Fra), 8311.
Maury (François), 1477, 1478, 5032.
Max (Édouard-Alexandre [de]), 12016.
Max (Émile), 10685.
May (André), 9833.
Mayer (Ch. J.), 7801.
Mayer (J.-R.), 8481.
Mayer (Marcel), 4438.
Mayer (P.), 9112.
Mayet (Charles), 2621.
Mayeur de Saint-Paul (F. M.), 2030.
Mayeux (Albert), 6985.
Mayor (J.), 2140, 6653.
Mazade (Ch. de), 9426.
Mazade d'Avize (Mis J.-B.-D.), 1789.
Mazarin (Le cardinal Jules), 8835, 8836, 8872, 8873.
Mazaroz (J.-P.), 2918.
Mazas (A.), 9956.
Mazas de Sarrion (O.), 9728.
Mazeran (Georges), 366.
Mazères, 11396.
Mazerolle (Fernand), 615, 647, 1367, 2005, 2473, 4477, 9521, 11889, 12244.
Mazerolle (Pierre), 3462.
Mazier du Heaume (Hippolyte), 4898.
Mazinghien (G.), 9441.
Mazure (L'abbé), 7430.
Méaulle (F.), 10572, 11579.
Meaux (Vte de), 9507.
Médicis (Marie de), 1992, 8799, 8801.
Meffray (Cel Cte de), 1103.
Méhée de Latouche, 9805.
Meifred (J.), 5435.
Meignen (E.), 6054.
Meilhac (Henri), 11442, 11443.
Meillac (C.), 5525.
Meinadier (Albert), 7958.
Meissas (L'abbé), 2383, 9334.
Meissonier (J.-L.-E.), 4368, 4369, 4370, 4555, 6211.
Meister (J. Henri), 856, 4857.
Mela (Pomponius), 10325, 10353.
Melaze (Albert), 6434, 6435.
Melgar (Francisco), 9572.
Meller (Pierre), 7131, 7256, 7263.
Mellerio (André), 4568.
Mellerio (L.), 10402.
Mellié (Ernest), 766.
Memain (Charles), 7571.
Memor (Andréas), 10165.
Memor (Julius), 8325.
Ménage (Gilles), 10231.
Menard (Auguste Louis), 10800.
Menard (L.), 8645.
Ménard (Louis), 10948.
Ménard (René), 4114.
Mendès (Catulle), 1248, 11444, 11731.
Ménétrier (C.), 5291.
Menière (Prosper), 947.
Mennechet (Eugène), 9894.
Mennechet de Marival (Mme), 9911.
Ménorval (Eugène de la Goublaye de), 365, 2431, 2432, 12121.

Menos (Jean-H.), 8992.
Menou (Jacques-François, baron de), 8983.
Mentelle (E.), 8057.
Mentienne, 455, 1068, 5558, 5660, 5728, 5789, 6070, 6201, 6389, 6413, 8672, 10024.
Mene (Henri), 6818.
Menuret (Dr), 3423.
Menzel (Adolphe), 4371.
Méon (D.-M.), 10380.
Mercier (Le cardinal), 9664.
Mercier (Le R. P.), 8864.
Mercier (A.), 2583.
Mercier (Sébastien), 4842, 4843, 4844, 4845, 4846, 4847, 4848, 10856, 11090, 11091, 11330.
Mercier (Victor), 11745.
Mercœur (Bérand de), 8699.
Mercy-Argenteau (Le Cte), 8946, 8967.
Mérian (Mathieu), 1520.
Mériclet (A. G. de), 4971.
Mérigot, 6579.
Mérilhou (François), 2524.
Mérimée (Léonor), 9895.
Mérimée (Prosper), 10949, 10950, 10951, 10952, 10953, 11742, 11743.
Merki (Charles), 6223.
Merlet (Lucien), 6377, 6992.
Merlet (René), 6986.
Merlier (Henri), 6720.
Merlin (Roger), 594.
Mermeix [Gabriel Terrail], 9434.
Merruau (Ch.), 1672, 2584.
Mersier (A.), 8673.
Merson (Olivier), 2381.
Merula (Paul), 7766.
Méry (C. de), 10713.
Méry (Gaston), 5034.
Méry (Joseph), 605, 4918.
Méryon (Charles), 4556.
Mesnard (J.-B.), 1977.
Mesnard (Jules), 2718.
Mesnard (Paul), 3593, 10320, 10513.
Mesplès (Paul-Eugène), 5343.
Messier, astronome, 9896.
Mesureur (André), 3034, 3035.
Métivet (Lucien), 5320, 11017.
Métra (Joachim-Alexandre, ou François), 3913.
Mettais (Dr H.), 4972.
Metternich (Princesse Pauline de), 9159.
Meulan (Ctesse de), 2148.
Meulenaere (O. de), 10089.
Meung (Jean de), 10384.
Meunié (Félix), 11843, 11844.
Meunié (Léon), 3796.
Meuret (J.), 2298, 5706.
Meurgey (Jacques), 2407.
Meurice (Fr. Froment), 1435.
Meurice (Paul), 10648.
Meusy (Victor), 3064.
Meyan (Paul), 11127.
Meyer (Arthur), 4973, 9477.
Meyer (Paul), 10243.
Meynadier (Hippolyte), 332.
Meynadier de Flamalens, 1799.
Mézeray (François-Eudes de), 8601.
Mezerettes (Gervais de), 2112.
Mézières (A.), 8737, 9337, 11000.
Mezzetin [Angelo Costantini], 11221.
Michaud (Joseph-François), 8618.
Michaut (G.), 10486.
Michaux (Baronne J.), 1333.
Michel, 7782.
Michel (Adolphe), 1018.
Michel (Edmond), 6414, 6415, 9338.
Michel (Francisque), 5450, 8756, 11141, 11606, 11610.
Michel (Henri), 3825.
Michel (Henry), 3594.
Michel (J.-B.), 7656.
Michel (Louis), 707.
Michel (Louise), 1250.
Michel (Sextius), 466, 5687.
Michel-Ange, 4195, 8327.
Michelet (Jules), 8766.
Michelin, 8112, 9621.
Michel-Lévy (H.), 12017.
Michel-Lévy (Léon), 12018.
Michiels (Alfred), 9339.
Michon (Étienne), 4135.
Michot-Périnet, 10181.
Midol (D.), 6123, 6261.
Mie (Louis), 1185.
Mier (Sebastian B. de), 2860.
Migeon (Gaston), 4382.
Mignard (Pierre), 619.
Mignartz, 11639, 11640.
Migneron, 2698.
Mignot (Victor), 11638.
Milet (Ambroise), 4742.
Millanvoye (Bertrand), 10714

Millaud (Albert), 4082.
Millerand (A.), 1273.
Millet (Eugène), 503, 6347.
Millet (J.-F.), 4372.
Millet (P.), 420.
Millevoye (Charles-Hubert), 10550, 10551.
Millière (Jean-Baptiste), 1185, 1199.
Milliet (Paul), 5122.
Millin (Louis-Aubin), 4631.
Millioud (Maurice), 9665.
Milloué (F. de), 4254.
Minard, 10124.
Minell (Jean), 10344.
Minier (Hippolyte), 7379.
Minoe (Claude), 10348.
Minon (R.), 9340.
Minvielle (Géo), 4685.
Mirabeau (Gabriel Riqueti, comte de), 789, 1421, 5622.
Miramion (Mme de Beauharnais de), 8874, 8875
Miranda (Angel de), 9341.
Mirbeau (Octave), 11445, 12019.
Mirinny (L.), 512.
Mirman (Léon), 9534.
Miron (François), 2541.
Miron de l'Épinay (A.), 2541.
Mirot (Léon), 1891, 2082, 2125, 8757.
Mirval (Ch. de), 329.
Mistral (Frédéric), 11575.
Mitchell (Georges), 1069.
Mitchell (Robert), 9160.
Mithouard (Adrien), 433, 2560, 11650.
Mittié (Stanislas), 2161.
Mitton (Fernand), 5649, 11092.
Mocomble (Ch. de), 1835.
Mocquant (L.), 2566.
Moët de la Forte-Maison (C.-A.), 6649.
Mogador (Céleste). V. Chabrillan (Ctesse de).
Mohammed-el-Hadj, bey de Tunis, 1312.
Moisy (J.), 3463.
Moithey, 12186.
Moizé (Mme C. de), 5645.
Moland (Louis), 1070, 10487, 10793, 11221, 11268.
Molard (Francis), 7561.
Molay (Jacques de), 8755.
Molé (A.), 10263.
Molènes (Émile de), 11196.
Molière [Jean-Baptis.e Poquelin], 2001, 2002, 2111, 2517, 3306, 5156, 6444, 10430, 10431, 10432, 10433, 10434, 10435, 10436, 10437, 10438, 10439, 10440, 10441-10510, 11732.
Molinari (G. de), 1071, 2756.
Molinier (Auguste), 3765, 7572, 11833.
Molinier (Émile), 11696.
Molinos (L.), 4686.
Mollard, 5436.
Mollard, 9642.
Moltke (Maréchal Cte de), 9342.
Monaco (Domenico), 8340.
Monaldeschi (Jean, marquis de), 8850.
Monceaux, 7561.
Moncey (Maréchal), duc de Conegliano), 9897.
Mondain-Monval (Jean). V. Monval (Jean).
Monet (Claude), 11715.
Mongival (Mireille de), 2058.
Monglave (E. de), 59.
Monicart (Jean-Baptiste de), 3319, 6000.
Monier, 5582.
Monin, 5586.
Monin (Hippolyte), 899, 961, 970, 2622.
Moniquet (R. P.), 7390.
Monjoie (L'abbé), 2258.
Monmarché (Alfred), 7486.
Monmerqué (L. J. N.), 2951, 3900, 10833, 11141.
Monnet, 2162.
Monnet (Jean), 5295.
Monnier (Claire-Lise), 7608.
Monnier (Eugène), 5800.
Monnier (Henry), 4923, 4929, 11093.
Monnier (Marcel), 8407, 8529, 8544, 8556, 8575, 8576, 8577, 8578, 8590, 9906, 10715.
Monnier (Victorien), 11259.
Monod (E.), 2780.
Monod (Gabriel), 6878, 11845.
Monod (Jules), 8408.
Monprofit (O.), 5036.
Monroy (J.-F.), 4654.
Monselet (Charles), 4083, 5123, 5207.
Montagu (Jean de), 2606.
Montague (Lady), 4877.
Montaiglon (Anatole de Courde de), 116, 1748, 1749, 1772, 2073, 4390, 4393, 4396, 4436, 4552, 6911, 9861, 10716, 10717, 10718, 10719, 11732, 11870, 11871, 11872, 12123.

Montaignac (J.), 12020.
Montaigne (Michel Eyquem de), 7246, 7247, 7391, 10788, 10789, 10790, 10791, 10792.
Montaigu (Gilles-Aycelin de), 8685.
Montalbo (De), 9949.
Montalembert (Charles de), 9054.
Montansier (Mme) [Marguerite Brunet], 11207.
Montarlot (Léon de), 12091.
Montarlot (P.), 925.
Montarlot (Paul), 9344.
Montaut, 328.
Montbrison (Le Colonel de), 1120.
Montchamp (Louis de), 5384.
Montchenil (Louis de), 7299.
Montcorin (Emmanuel de). V. Déborde de Montcorin.
Montégut (Émile), 1253.
Monteil (Edgar), 1254, 5446, 10156.
Montémont (Albert), V. Albert-Montémont.
Montespan (Mme de) [Françoise-Athénaïs de Rochechouart], 6977.
Montesquieu (Charles de Secondat, baron de), 8935, 10855, 10856, 10857, 10858, 10859, 10860, 10861, 10862.
Montesquieu (Charles Secondat, baron de) [1833-1900], 10859, 10863.
Montessus de Ballore (R. de), 3590.
Montfaucon (Dom Bernard de), 2494, 5790, 8936.
Montferrier (Cte Anatole de), 1255.
Montfort (Eugène), 510.
Montgrand, 11623.
Monthelier, 6137.
Montigny (L.), 4899.
Montjoie [F.-C. L. Ventre de la Touloubre], 757.
Montmorency (Duc de), 5258.
Montmorency (Isabelle de), 8718.
Montmorency-Laval (Marie-Louise de), 501.
Montorgueil (Georges) [Octave Lebesgue], 5035, 5332, 5461, 5462, 9533, 10125, 11564, 11658, 11659, 11660, 11661.
Montpensier (Mlle de) [Anne-Marie-Louise d'Orléans], 8837.
Montreuil (Pierre de), 8754.
Montrevel (Ch. de), 1256.
Montrond (Maxime de), 595, 6101.
Montrosier (Eugène), 4213.
Monval (Georges) [Georges-Hippolyte Mondain], 2517, 5174, 5208, 5209, 5210, 5211, 5300, 8915, 9898, 10489, 10490, 11190, 11244.
Monval (Jean) [Mondain], 4726, 8915, 10721.
Monvel (Jacques-Marie Boutet, dit). V. Boutet de Monvel, 11131.
Mony (Dr A.), 9345.
Mony (Adolphe), 6490.
Moore (John), 857.
Moore (Norman), 8196.
Mopillé, 2151.
Morand (Paul), 2456.
Morand (Sauveur-Jérôme), 2317.
Moras (Mlle de), 8882.
Moré (Cte de), 8959.
Moreau (L'abbé), 3329.
Moreau (Auguste), 7974, 8557, 8660.
Moreau (Émile), 8794, 11446.
Moreau (Frédéric), 5559.
Moreau (Gustave), 4259.
Moreau (Hector), 1446.
Moreau (Hégésippe), 10722.
Moreau (Jacques-Nicolas), 6386.
Moreau (Jean-Michel), 10877, 11704.
Moreau (Dr L.-J.), 6635.
Moreau-Nélaton (Étienne), 6575, 6699, 6821.
Morel (Charles), 3373.
Morel (L'abbé E.), 6612, 6640, 6660.
Morel (Eugène), 3687.
Morel (Henry), 1257.
Morel (Pierre), 3257.
Morel-Fatio (L.), 4207 bis.
Morféri (Louis), 9770, 9771, 9772.
Moret (Dr Louis), 7658, 7678.
Morgan (Pierpont), 4480.
Morgenthau (L'ambassadeur), 9666.
Moriac (Édouard), 1258, 1259, 9010.
Morillon (A.), 2630.
Morin (Dom), 6960.
Morin (Edmond), 1054.
Morin (Georges), 1260.
Morin (Louis), 5037, 12157.
Morin-Jean, 4485.
Moris (Henri), 7716.
Morisot (Berthe), 4557.
Morize (André), 10858.
Morize (L.), 6055, 6378.

Morlent (J.), 6869.
Mornand (Félix), 4084.
Mortemart Boisse (Baron de), 4974.
Mortet (Charles), 3827, 11889.
Mortet (Victoire), 2299, 2300.
Mortillet (Adrien de), 4599.
Mortillet (Gabriel de), 4599, 6348, 7596.
Mortreuil (Th.), 3703, 3704.
Moser (Henri), 8240, 8241.
Mossé (Armand), 2936.
Mossé (J.-M.), 4897.
Motet (Dr A.), 1072.
Motte (C.), 2170.
Motter (John), 1136.
Mottheau (Ch.), 6065.
Mouchelet (Émile), 10054.
Mouhy (Le chevalier de), 5124.
Moulard (L'abbé Jacques), 7395.
Moulin (Amédée), 11009.
Moulin (H.), 10491.
Moulin (Michelot), 6868.
Mounet-Sully [Jean-Sully Mounet], 5194, 11248, 11249.
Mounetrat (Edmond), 3267.
Moura (Dr), 399, 9861.
Mouravit (Gustave), 8896.
Moureau (Jules), 6733.
Mourey (Gabriel), 5535, 9667, 11662.
Moussac (Georges de), 9346.
Mousset (Albert), 366.
Moussoir (Georges), 800, 1073, 9924.
Moutié (Auguste), 6056, 6057, 6148, 6208, 6272, 6273, 6278, 6377.
Mouton (Léo), 428, 1704, 2068, 2128.
Moutry (A. de), 6089.
Mouttet (Félix), 2612.
Mowat (Cdant Robert), 613, 1877.
Moynet (G.), 11175.
Mozzafer-ed-Dine, 1318
Muliniex (W.-Frédéric de), 8447.
Muller (Eugène), 4975.
Müller (L'abbé Eugène), 4632, 6359, 6576, 6650, 6676, 6678, 6679, 6680, 6681, 6682.
Muller (Eugène), 9347, 11003, 12259.
Muller (Gustav), 8139.
Muller (Louis), 11705, 11720.
Müller de Ketelboetere (Ed.), 8269.
Mun (Marquis de), 6396.
Munch, 8358.
Mündel (Curt.), 6844.
Munk (S.), 3728.
Munster (Sébastien), 7996, 7997, 7998.
Muntz (Eugène), 3510, 3797.
Murel (P. et G.), 299.
Muret (Théodore), 66, 5212, 11158.
Murger (Henry), 11044, 11045.
Murray (Charles Fairfax), 12021.
Musard (Philippe), 5368.
Museux (Ernest), 9350.
Musset (Alfred de), 10723, 10724, 10725, 10726, 10727, 10728, 10729, 10730, 10731, 10732-10740, 11733.
Musset (Georges), 7078, 7079, 7083, 7089.
Musset (Jean), 7089.
Musset (Paul de), 10723, 10738, 11046.

N

Nadal (Victor), 5650.
Nadar [Félix Tournachon], 1074, 11045.
Nadaud (Gustave), 9351, 11447, 11448, 11565, 11566, 11567.
Nadaud (Martin), 9088.
Naef (Albert), 8450.
Nancey (Paul), 8720.
Nanot (Jules), 5888.
Nansouty (Max de), 2045, 2046.
Napoléon, 928, 1968, 1969, 1976, 1977, 1978, 1979, 2117, 3115, 5072, 6270, 6476, 7266, 8703, 9003, 9004, 9005, 9006, 9007, 9008, 9009, 9010, 9011, 9013, 9017, 9018, 9023, 9044.
Napoléon III, 9092, 9093, 9095, 9096, 9097, 9098, 9099, 9114, 9124, 9127, 9130, 9143, 9406, 10741.
Napoléon (Prince) [Napoléon-Joseph-Charles-Paul Bonaparte], 2711, 9108.
Naquet (Alfred), 11074.
Naquet (Pierre) 478.
Narbey (L'abbé C.), 5669.
Narjoux (André), 2438.
Narjoux (Félix), 12252.
Nash (Frederik), 2191.
Nass (Dr Lucien), 1075, 5141.
Nattes (J. C.), 2192.
Naudet (L'abbé), 7027.
Naudet (Gabriel), 3408.
Naudet (Joseph), 2705, 9826.
Naudin (Bernard), 11755.

Naudy Perronnet, 469.
Naundorff (Charles-Guillaume), 3351, 3352.
Naundorff [Charles-Louis de Bourbon], 3345, 3350.
Nauroy (Charles), 3952, 11826.
Navarre (A.), 10275.
Navier (N.), 1767.
Nazim (Georges), 5889.
Necker (Jacques), 8951.
Néel (Louis-Balthazar), 4832, 4833, 4834.
Nègre (Georges), 1469.
Negroli (Gio Pietro), 4447, 9898.
Nemeitz (J.-C.), 112.
Nemours (Charles-Emmanuel de Savoie, duc de), 689.
Nénot (H.-P.), 3560, 3561.
Nepveu (Frédéric), 9911.
Nerval (Gérard de) [Gérard Labrunie], 8130, 10742, 10743, 11734, 11749.
Nest (Raoul), 4085.
Neukomm (Edmond), 1076, 4956.
Neurdein, 4475.
Neuville (Alphonse de), 4558.
Ney (Napoléon), 7833, 8579.
Nguyen-Trong-Hiep, 652.
« Nick Polkmall », 5369.
Nicodémi (Dario), 11449.
Nicolaï (A.), 7265.
Nicolardot (Louis), 8942.
Nicolas II, 613, 9517, 9564, 9697.
Nicole (Georges), 8486.
Nicolle (Henri), 6136.
Nicolle (Marcel), 4441, 6884, 11961.
Nicolle (V. P.), 12009.
Nicol-Speyer (Alexander), 9628.
Nicoulaud (Charles), 9047.
Niépovié (Gaëtan), 651.
Nieuwerkerque (Alfred-Émilien, Cte de), 4125, 4126.
Nigond (Gabriel), 11450.
Nilsson, 11794.
Niox (Général), 1979, 1980.
Nisard (Charles), 3855, 10257.
Nisard (Désiré), 10334.
Nisiak (Giréderf), 8867.
Noailles (Louis-Antoine, cardinal de), 8715.
Noailles (Paul, duc de), 6321.
Noblet (Gaston), 7431.
Nocq (Henry), 11756.
Nodier (Charles), 1673, 3798, 5526, 5527, 12120.
Noël (Édouard), 11260.
Noël (Eugène), 10492.
Noël (J.-B.-J.), 10127.
Noël (Léon), 11045.
Noël (Octave), 6212.
Noël des Vergiers (A.), 4150.
Nointel (Marquis de), 8106.
Noirmont (Bon B. de), 4900.
Nolhac (Pierre de), 4730, 5959, 5960, 5961, 5962, 5963, 5964, 5965, 5966, 5967, 5969, 8879, 11673, 11676, 11735.
Nolibois (L'abbé), 7332.
Nordenskiold (Adolf Erik), 8363.
Normamby (Mis de), 968.
Normand aîné, 2144.
Normand fils, 1931, 2144.
Normand (Alfred), 2719, 9899.
Normand (Charles), 1940, 4663, 4664, 4667, 4688, 4689, 6870, 6871, 12140, 12240, 15250.
Normand (Jacques), 9352, 9670, 11369, 11451, 12452.
Normand (Jean), 9745.
North-Peath (Anthony B.), 4976.
Nothomb (Pierre), 8287.
Nougaret (P.-J.-B.), 60, 4840, 8952.
Nourry-Grammont (Alexandre), 8713.
Noussanne (Henri de), 698, 9671.
Nouveaux, 12242.
Noyon jeune, 3156.
Nozière [Fernand Weyl], 11453.
Nuitter (Ch.), 5125, 5243, 5261.
Numa (Georges), 4813.
Numa (J.), 5370.
Nuñez de Taboada, 10266.
Nush, 3170.
Nyrop (Christophe), 11263.

O

O (La sœur M.), 1249.
Oberkirch (Baronne d'), 8960.
« Occitanienne (L') » [Mlle Léontine de Villeneuve], 10913.
Odelin (Paul), 1262.
Odiot (Ch.), 6332.
Odry (Jacques-Charles), 11197.
Oettinger (Édouard-Marie), 11847.
Offoël (Jacques d'), 11635.

Ogilby (John), 8161, 8191.
Ohnet (Georges), 1334, 11048, 11049.
Old Nick [Paul Daurand], 4915.
Oliva (La demoiselle Le Guay d'), 8947.
Olivaint (Le P.), 1269, 1280, 1294.
Olivier (Jean-Jacques), 11205, 12209.
Olivier (Juste), 10960.
Ollier (Charles), 8192.
Ollivier (Émile), 9161.
Ollivier (Dr G.), 512.
Olschki (Leonardo), 653.
Omer-Decugis (A.), 2209.
Omont (H.), 12291.
Omont (Henri), 3706, 6757.
Opoix, 6516.
O' Reilly (L'abbé Patrice-John), 7160.
Orgemont (D'), 8757.
Orbigny (Charles d'), 5560.
Orgiazzi, 5098.
Orlanges (Ernest d'), 5038.
Orléans (Les d'), 9900.
Orléans (Adelaïde d'), 9901.
Orléans (Ferdinand-Philippe, duc d'), 9902.
Orléans (Marguerite d'), grande duchesse de Toscane, 8863.
Orloff (Prince Alexis), 12022.
Orlowicz (Dr Miecislas), 8369.
Ornano (Le maréchal Alfonso d'), 7392.
O' Rorke (Benjamin G.), 9673.
Orosdi (Léon), 12025.
Orsel (A.-J.-V.), 2342.
Orsières (J. M. F.), 7600.
Ortelius, 8000.
Osborne (Mary), 5646.
Ottevaere (Cte d'Evergue), 10744.
Oudiette (Charles), 5528.
Ouin-Lacroix (Ch.), 2384.
Ouless (P. J.), 8213.
Ourliac (Édouard), 4923.
Ourry (E.-T.-M.), 3912.
Oury (Louis), 11250.
Ouvrard, 11250.
Ouvrard (Gabriel-Julien), 1377.
Ovide, 10344.
Ozanam (Frédéric), 9003.

P

Packard (Alpheus S.), 9878.
Pagano (Nicolas), 8343.
Paget (René), 6651.
Pagès (Léon), 3122.
Paguelle de Follenay (L'abbé), 2302.
Paillard (A.), 9675.
Paillard (Henri), 11644, 11645.
Pailleron (Édouard), 11455, 11456.
Pailleron (Marie-Louise), 10904.
Paillet (Élie), 9805.
Paillot (Pierre), 9942.
Paillot de Montabert, 4445.
Pain (Joseph), 4901.
Paindavoine, 2973.
Paisi (L'archimandrite), 8520.
Paiva y Araujo (Thérèse-Pauline-Blanche Lachmann, veuve Villoing, baronne de), 2104, 2105, 2106, 2107, 2108, 2109.
Paixhans (H.-J.), 1642.
Pajou (Augustin), 4559.
Palaiseau (J.-L.-G.), 1634.
Palat (Général), 7676, 11848. V. Lehautcourt (Pierre).
Paléologue (Maurice), 10782.
Palikao (Général Cousin-Montauban, Cte de), 1171, 9357.
Palissy (Bernard), 4189, 4690, 11004.
Pallain (A.), 9057.
Pallier (Th.), 73, 74.
Palliot (Pierre), 3774.
Palloy (Pierre-François), 3311.
Pallu de Lessert (A. C.), 3640, 8738, 9834.
Palustre (Léon), 4446, 6477, 9867.
Panard (Charles-François), 11332.
Pannier (Jacques), 2519, 2520, 4703.
Pannier (Léopold), 5764.
Paoli (Xavier), 9484.
Papillon (Georges), 4743.
Papillon de la Ferté, 5249, 5250.
Parabini (Roberto), 8326.
Paradis (Henry), 1018.
Parault (Raphaël), 5301.
Parent-Duchatelet (A.-J.-B.-B.), 1447, 1487, 3465, 5386.
Parfaict (François et Claude), 5315, 11113, 12366.
Parguez (Henri), 6213.
Paringault (Eugène), 10493.
Paris (Colonel), 3375.
Paris (Comte de) [Louis-Philippe-Albert d'Orléans], 9482.
Paris (Dr André), 9678.

PARIS (Mme E.), 11519.
PARIS (Edmond), 4208.
PARIS (François de), le diacre, 11677.
PARIS (Gaston), 10382.
PARIS (Louis), 3700, 3760.
PARIS (Paulin), 2076, 3707, 3729, 3900, 8619.
PARIS DE MONMARTEL (Jean), 1357.
PARISET (Ernest), 11757.
PARISIS. V. Blavet (Émile).
PARISON-BARBIER, 10822.
PARISOT (C.), 6394.
PARIZOT (A.), 5792.
PARLEY (Peter), 8026.
PARMENTIER, 1452.
PARMENTIER (Général), 5404.
PARNY (Évariste), 10552.
PARODI (Alexandre), 11457.
PARROT (Armand), 7714.
PARROT (Henri), 3360.
PARTARRIEU (B.-P.), 7393.
PARTURIER (Gaston), 8150.
PARTURIER (Louis), 3036.
PARVILLE (Henri de), 2781, 10005.
PASCAL (L'abbé), 2424, 12264.
PASCAL (André) [Dr Henri de Rothschild], 11458.
PASCAL (Blaise), 10832, 11736
PASCAL (L'abbé J.-B. E.), 5761.
PASCAL (N.), 7056.
PASQUEAU (A.), 7223.
PASQUIER, 12180.
PASQUIER (L'abbé Émile), 688.
PASQUIER (Étienne), 8636.
PASQUIER (Félix), 7437, 7472, 7473, 7481, 8901.
PASSY (Louis), 2610, 3635, 6534, 8739, 8745, 9819, 9904.
PASUMOT, 4633.
PATIN (Guy), 8842.
PATOUX (Abel), 9877, 11701.
PATRICK (Emmanuel). V. Lagarde (A.).
PATTE, 8880.
PATY (Isidore de), 5529.
PAU (Jules), 1263.
PAUL (Saint), 9978.
PAUL (Sir John Dean), 4872.
PAULIAN (Louis), 3283.
PAULME (Henri), 10418.
PAULOWSKI (A.), 7962.
PAULUS [Habans], 11251.
PAVET DE COURTEILLE, 1487.
PAVIE (Auguste), 9885.
PAWLOWSKI (Auguste), 1466, 1480.
PAYEN (Ennemond), 8771.
PAYEN (Fernand), 10903.
PAYEN (Dr J.-F.), 3027, 7247.
PAYEN (Jules), 6188.
PEARL (Cora) [Emma Cruch], 4978.
PEIGNÉ-DELACOURT, 6659, 6669, 7552.
PEIGNOT (Gabriel), 8810.
PÉLADAN (Joséphin), 11537.
PELET (Général), 1643.
PELET (Auguste), 7502.
PELET (Paul), 7875, 7876.
PÉLIN (Gabriel), 4979.
PELISSIER, 10139.
PÉLISSIER (A.), 6534.
PÉLISSIER (Georges), 4115, 4116.
PÉLISSIER (Léon-G.), 8996, 11576.
PELLAPRA (Émilie de), 9074.
PELLASSY DE L'OUSLE (J.), 6617.
PELLAT (A.), 10069.
PELLÉ (Clément), 8581.
PELLETAN (Camille), 1151, 1364.
PELLETAN (Édouard), 3866.
PELLETAN (Eugène), 8740, 8857, 9113.
PELLETIER, 2549.
PELLIOT (Paul), 9843.
PELLISSON (Maurice), 10494.
PELLOQUET (Th.), 4149.
PELLOT (P.), 3558.
PÈNE (H. de) [« Mané »], 4042, 4077, 4078.
PENEL BEAULIN, 5633.
PENGUILLY L'HARIDON (O.), 4230.
PENJON (A.), 7556.
PÉRATÉ (André), 5892, 5967, 5968, 5969.
PERCEAU (Louis), 3710.
PERCHAUX (Dr E.), 3089.
PERCIER (C.), 4655, 6457.
PERCY (Lucien), 8933.
PERDEREAU (Le P. Benoit), 1265
PERDOU DE SUBLIGNY, 3902.
PERDREAU (L'abbé J.), 2390.
PEREIRE (Gustave), 2938.
PEREIRE (Isaac), 7963.
PERELLE, 4666.
PÉRICAUD (Louis), 5297, 5309, 10495, 11459.
PERIER (Arsène), 2605.
PÉRIER (Edmé), 5614.

Péries (L'abbé), 3396.
Périès (J.-V.), 11621.
Périn (Jules), 657, 679, 3674.
Périn (René), 4878.
Périn du Lac (Jules), 9882.
Pernot (F. A.), 12242.
Perny (Paul), 1151.
Peron (A.), 9844.
Pérot (L'abbé), 2507.
Pérouse (Gabriel), 7650, 7661, 7664, 7677.
Perréchon (Félix), 7660.
Perraudeau (Dr Henri), 5766.
Perrault (Charles), 5949, 8843, 8844, 10825.
Perrault (Claude), 8844.
Perrault (Jean), 8876.
Perrault-Dabot (A.), 547, 2066, 2502, 3632, 3633, 3634, 4671, 5561, 6501, 7549, 7551, 8876.
Perregaux (Jean-Frédéric), 9905.
Perrens (F. T.), 11.
Perret (Paul), 6087.
Perreuse (Mis de), 5725.
Perrey (Paul), 1383.
Perreyve (L'abbé Henri), 6081.
Perrier (Charles), 5793.
Perrin (André), 7628.
Perrin (Émile), 5213.
Perrin (Pierre) 11139.
Perrinaïc, 8768.
Perrissin (J.), 4596.
Perron, 2948.
Perronet (Jean-Rodolphe), 1763.
Perronneau (J.-B.), 12004.
Perronet (Jean-Rodolphe), 1430, 1431, 5562.
Perrot, 2171, 5586.
Perrot (A.-M.), 1569, 3009.
Perrot (Georges), 3578, 3617, 9876.
Perrot (L. de), 9358.
Perrot (Victor), 513, 514, 1368, 1520, 2097, 2206, 10917, 10918, 11665.
Perroud (Claude), 774, 794, 799.
Pessard (Gustave), 79, 176, 1855, 5794.
Pessard (Hector), 9137.
Peter (John), 8491.
Petit, 368.
Petit (Ch. G.), 12266.
Petit (Ernest), 2067, 7560, 7562, 7565, 7566, 8834, 8993, 9869, 9906, 10739.
Petit (Georges), 3007.
Petit (Georges), 12034.
Petit (Jules), 6224.
Petit (Victor), 7559.
Petitcuenot, 7739, 7740.
Petitjean (N.-N.), 2163.
Petitbon (Maxime), 5563.
Petitot, 8613
Petitot (Jean), 1375.
Petit-Radel, 2371.
Pétrarque, 11624.
Pétrone, 10345.
Petzholdt (Dr Julius), 11851.
Peuchet (J.), 3258.
Peucker (Karl), 8242.
Peyrac (L'abbé G.), 7062.
Pey-Berland (Mgr), 7394.
Peyre (Antoine-François), 2374, 2377.
Peyre (Antoine-Marie), 3179, 5299.
Peyre (Marie-Joseph), 4656.
Peyre (R.), 5214.
Peyre (Roger), 9011.
Peyrecave (A.), 6634.
Peyrot (J.), 11275.
Pezet (J.-P.), 10275.
Pfnor (Rodolphe), 6478.
Phèdre, 10335, 10346.
Philipot (H.), 3280.
Philippe (Dr), 5465.
Philippe (Georges), 8144.
Philippe VI de Valois, 27.
Philippe (Le frère), 1152.
Philippe (Jules), 3829.
Philippe-Égalité [Louis-Philippe-Joseph, duc d'Orléans], 757.
Philippon (Gustave), 10397, 11114.
Philippon de la Madelaine, 1810, 10371.
Philippoteaux (H.-E.-F.), 1007, 9209.
Philipps (Stephen), 11587.
Philomneste junior. V. Brunet (Gustave).
Philostrate, 10307.
Piarron de Chamousset, 2926.
Picard (Alfred), 2802, 2803, 2813, 2893, 7964, 7965.
Picard (André), 11460.
Picard (Charles), 6735.
Picard (L.), 3424.
Picard (L.-B.), 11275, 11461, 11462.
Picarda (Émile), 1419.
Picart (Bernard), 4113.
Picavet (J.), 9679

Piccard (L.-E.), 7652, 7653, 7663.
Pichegru (Charles), 8976.
Pichon (Alfred), 7182.
Pichon (Baron Jérôme), 1541, 3799, 3867, 8928, 9907, 11667, 11873.
Pichot (Amédée), 11576.
Pichot (Pierre-Amédée), 5656.
Picot (Émile), 3581, 3617, 4447, 6553, 6578, 8773, 8774, 8775, 9830, 9908, 10417, 11263, 11264.
Picot (Georges), 1643, 2123, 3578, 3580.
Picquet (Charles), 1698, 12207.
Picquet (Maurice), 699.
Pictor (Paul), 5436.
Pidansat de Mairobert (Mathieu-François), 3916, 3917.
Pie VI, 927.
Piédagnel (Alexandre), 986, 3868, 9874.
Piérart (Z.-J.), 5762, 6736, 6737, 9360.
Pierdon (F.), 5474.
Pierotti (Ermette), 1267.
Pierre Ier de Serbie, 1316.
Pierre (Clovis), 6030.
Pierre (Constant), 897, 5147, 5148, 5269.
Pierre (Victor), 889, 903, 2465, 3353.
Pierrefeux (Guy de), 7402.
Pierrefitte (P. L. de), 5307.
Pierre-Gauthiez, 5047.
Pierre le Grand, 615, 4729.
Pierret (Émile), 3708, 3721.
Pierrotti (Dr E.), 1593.
Pierrugues (Le chevalier P.), 7224.
Pierson (A.), 1732, 1747.
Pietra-Santa (Dr Prosper de), 5081, 5279.
Piette (Édouard), 4600.
Pifteau (Benjamin), 10496, 10787, 11120.
Pigafetta (Filippo), 691, 12162.
Pigage (Nicolas de), 8147.
Pigalle (J.-B.), 4116, 4560.
Piganeau (Émilien), 7328, 7416.
Piganiol de la Force (Jean Aimar), 123, 124, 125, 126, 127, 1547, 5972, 5973, 5974, 5975, 5976, 5977, 5978, 5979, 5980, 5981, 7767, 7768, 7769, 7802.
Pigault-Lebrun [P.-P.-G. Pigault de l'Epiney], 11050.
Pigeon (L'abbé E.-A.), 6914.
Pigeonneau (H.), 9288.
Pigeory (Félix), 2146.
Pignot (Dr A.), 3094.
Pigoreau, 11850.
Piguet (Rodolphe), 8447, 11745.
Pihan de la Forest (A.), 6225.
Pille (Elisabeth), 36.
Pille (Henri), 11070.
Pille (L.), 246, 247.
Pillet (Fabien), 11150.
Pillet (J.), 1893.
Pilon (Edmond), 11005.
Pilon (Germain), 2323.
Pilté (Mme Anaïs), 10746.
Pimodan (Cte de), 8967.
Pimodan (Marquis de), 8789.
Pinard, 5837, 6072, 6125.
Pinchard (Jules), 1724.
Pinchart (Alexandre), 4448.
Pinçon (E.), 11789.
Pindare, 10508.
Pinero (Arthur W.), 11598.
Pinet (Ch.), 11666.
Pinet (Cdant Gaston), 3534, 3535, 9895, 9922, 11006, 12283.
Pingaud (Léonce), 925, 8982.
Pingré (A.-G.), 2123.
Pingret (Ed.), 6137.
Pinson (Paul), 6061, 6102, 6103, 6801, 6802.
Pintard (Eugène), 10747.
Pinvert (Lucien), 10392, 10393.
Piolet (J.-B.), 2894.
Piossens (Le chevalier de), 8909.
Piot (Eugène), 4384, 4449, 9909, 9910.
Piot (Robert), 7711.
Piquemal (L'abbé A.), 5674.
Pirandello (Luigi), 11522.
Piron (Alexis), 10553, 10554, 10555, 10556, 10557, 10558, 10559, 10560, 10561.
Pisan (H.), 11710.
Pisani (L'abbé (F.), 2478.
Pisani (P.), 893.
Pissaro (Esther), 11734.
Pissaro (Lucien), 11734.
Pissot (N.-L.), 581.
Piton (Camille), 83, 713, 2006, 6155, 6156, 8741, 11758, 12144.
Pitra (L.-G.), 742.
Plaisance (Émile) [Pascalien], 7597.
Plaisant (J.-B. Edm.), 920.
Plan (Danielle), 8493.
Plan (Mme Ph.), 10238.
Planat de la Faye (E.), 9735.

Planchon (G.), 3415.
Plancouard, 6031, 6113, 6203.
Planta (Edward), 197.
Plarr (Léon), 12084.
Platon, 10309, 10310, 10311, 10312.
Platon (C.), 3.
Platter (Félix), 8444.
Platter (Thomas), 6879, 8444.
Platter le jeune (Thomas), 685.
Plaute, 10347.
Plédy (Lucien), 7080.
Plessier (L.), 6641, 8950.
Pline Second, 10348, 10349, 10350.
Pluchart (Henry), 6800.
Plutarque, 9745, 10313, 10314.
Pluyette (Charles) [et Jehan], 1369.
Poëte (Marcel), 84, 85, 568, 569, 618, 700, 1790, 1811, 4117, 6758.
Poëtte (Charles), 6704, 6738.
Poë (M^r), 1268.
Poilpot (Théophile), 1007.
Poincaré (Raymond), 9680, 9911.
Poinsot (M.-C.), 422, 613, 9143, 9815.
Pointu (Jules), 9171.
Poirée (E.), 3769.
Poirier (J.), 9361.
Poirier (Paul), 6934.
Poirson (V.-A.), 10487.
Poisson (François), 9089.
Poitevin (Jean), 10918.
Poitevin (Prosper), 10578.
Poitou (Eugène), 8530.
Poizat (Alfred), 10748, 10749.
Polain (M.-Louis), 3794.
Polastron (Louise d'Esparbès, comtesse de), 8968, 8969.
Polignac (Le cardinal Melchior de), 10351, 10352.
Politien (Angelo), 10296.
Pollard (C^me Hugh B.), 9681.
Polonceau (A.), 1760.
Polybe, 10316.
Pompadour (M^ise de) [Jeanne-Antoinette Poisson, dame Lenormand d'Étioles], 8937, 8938, 11143.
Pompée (Philibert), 3481.
Poncelin, 12128.
Poncet de la Grave, 162, 2164.
Poncher (Jean de), 8744, 10409.
Pontlevoy (P. Armand de), 1269.
Ponsard (François), 6620, 10750.
Pons de l'Hérault, 8996.
Pont (Paul), 10077.
Pontbriand (L'abbé de), 5704.
Pont de Vesle, 3802.
Pontécoulant (Le Vte de), 5271.
Pontgibaud (Cte de), 8959.
Pont-Jest (René de), 9362.
Ponthieu (Amédée de), 4985.
Pontich (Henri de), 2530, 10083.
Ponton d'Amécourt (Vte de), 6524.
Pope (Alexandre), 10299.
Poquet (L'abbé), 6697.
Porchat (Jacques), 11578.
Porée (Charles), 7573, 9906.
Porel (Paul) [Désiré-Paul Parfouru], 5300.
Porquet (Ch.), 6105.
Port (Célestin), 9912.
Portal (Ch.), 7485.
Portalis (Baron Roger), 9837, 11786.
Porto-Riche (Georges de), 11463.
Portret (A.), 1706, 2303.
Pothey (A.), 11093.
Pothier (Francis), 3507.
Pothier (Robert-Joseph), 10070.
Potin (Émile), 3781, 12153.
Potocka (Ctesse), 9030.
Pottecher (Maurice), 11465.
Pottet (Eugène), 3180, 3181, 3335.
Pottier (E.), 4173.
Poubelle (Eugène-René), 2614.
Pougeois (L'abbé A.), 6506.
Pougeois (L'abbé Ét.), 7388.
Pougin (Arthur), 5129, 5130, 5215, 5339, 9803, 11131, 11139.
Pouillet (C.-S.-M.), 966, 10015.
Poujoulat (J.-J.-F.), 8018.
Poulet-Malassis (Auguste), 8938.
Poulleau, 7504.
Poullet (P.), 9359.
Poumiès de la Siboutie (D^r), 9075.
Poupardin (R.), 27.
Poupin (Victor), 6089.
Pourquet (Charles-Henri), 4561.
Pousin (J.), 6190.
Poussié (Dr E.), 10172.
Poussin (Henri), 5677.
Poussin (Nicolas), 4457.
Pouteau (E.), 3963.
Poyard (G.), 10280.
Poyet, 3083, 5234.
Pozzi (S.), 3066.

Pradel (Genès), 10834.
Pradel de Lamase (Martial), 2000.
Pradelles (Paul), 1491.
Pradier (James), 10667.
Pradon, 2986.
Pradon (Nicolas), 10511.
Prampain (R. P.), 1078.
Prarond (Ernest), 5048.
Praslin (La duchesse de), 9065.
Pratter (Félix), 7498.
Pratter (Thomas), 7498.
Préjean (Jules), 2531.
Préseau (Victor-Charles), 2688 bis.
Pressard (A.), 3641.
Pressensé (Edmond de), 1270.
Préville [Pierre-Louis Dubus], 11208, 11209.
Prévost (L'abbé), 6975.
Prévost (A.), 3409.
Prévost (François), 7639.
Prévost (Marcel), 11051.
Prévost d'Exiles (L'abbé Antoine-François), 10864.
Prévost de Saint-Lucien, 159, 160, 161.
Prévost-Paradol, 9138.
Prezzolini (Giuseppe), 8243.
Price (Georges), 4044.
Prieur (J.-L.), 828, 11673, 11674.
Prince Impérial (Le) [Eugène-Louis-Joseph Napoléon], 5075, 5076, 9105, 9106, 9107, 9340.
Prinet (Max), 2370.
Prioleau (Edmond), 3964.
Prisse d'Avennes, 4605, 9913.
Privat d'Anglemont (Alexandre), 4986, 4987.
Prodhomme (Ferdinand), 5906, 5994, 9441.
Prod'homme (J.-G.), 5270, 5341.
Proeschel (F.), 8588.
Profit (G.), 8556.
Prolès (Charles), 1273.
Prompsault (L'abbé), 3103.
Pronnier (C.), 4686.
Propiac (Le chevalier de), 4903, 4904.
Prosper, 3148.
Prost (Bernard), 2572.
Proth (Mario), 404.
Prou (Maurice), 2120, 3515, 3517, 6965, 9965, 9966.
Proust (Antonin), 4224, 4450, 4495.
Provence (Le comte de). V. Louis XVIII.
Provins (Henri) [Foulon de Vaulx], 3351.
Provost (Jean-Baptiste), 11210.
Prozor (Cte M.), 11514.
Prudent (F.), 8059.
Prudent (H.), 5132.
Prudhomme (A.), 10475.
Prudhomme (Henri), 10091.
Prudhomme (Louis-Marie), 326, 771, 5986, 5987, 12340.
Prudhomme fils (Louis), 5985.
Prudhon (P.-P.), 11953.
Ptolémée, 10317.
Pugin (A.), 12260, 12261.
Puisaye (Dr de), 6089.
Pujol (A.), 64.
Pujol (Abel de), 2452.
Pujoulx (Jean-Baptiste), 4879, 4880.

Q

Quaglia, 3149.
Quantin (A.), 2830.
Quartley, 7199.
Quatrelles L'Épine, 971, 11206.
Quatremère [de Quincy] (Antoine), 2375, 2376, 4451, 9914, 9915.
Quellern (L. de), 5654.
Quenaidit (Cdant), 9879.
Quentin (M.), 51.
Quentin-Bauchart, 9090.
Quentin-Bauchart (E.), 6620.
Quentin-Bauchart (Maurice), 1274, 1870, 9107.
Quentin-Bauchart (Pierre), 3362, 6621.
Quérard (J.-M.), 11796, 11797, 11798, 11799, 11800, 11801, 11802.
Quesnel (François), 1536.
Quesvers (Paul), 6398.
Queverdo, 10000.
Quicherat (Jules), 432, 552, 2120, 2245, 3549, 8637, 9916, 10385.
Quicherat (L.), 10211.
Quillet (P.-N.), 479.
Quillet Saint-Ange (A.), 1651.
Quinault (Philippe), 11298, 11299.
Quinault (Jeanne-Françoise), 10554, 10557, 10880.
Quincey (Thomas de), 10730.
Quinet (Edgar), 1079, 2387, 9483.
Quinet (Mme Edgar), 1080.
Quinsonas (Cte de), 10182.

Quinte Curce, 10354.
Quintilien, 10355.
Quitard (P.-M.), 3164.

R

Raballet de Champlaurier (J.), 9091.
Rabbe (Alphonse), 9776.
Rabe (Jacob), 4747.
Rabelais (François), 2504, 10793, 10794, 10795, 11712.
Rabouin, 6989.
Rabut (Charles), 1849.
Rabut (François), 7599.
Rabutaux, 5387.
Rabutaux (Jean), 10128.
Rachel (Élisa Félix, dite), 5259, 11211, 11212, 11213, 11214, 11215.
Racine (Jean-Baptiste), 6254, 10500, 10512, 10513, 10514, 10515, 10516.
Racine (Louis), 10514, 10562.
Racinet (Charles), 5988.
Radet (Edmond), 8868.
Radiguet (Max), 2752. V. Renal (Stéphane).
Radiot (Paul), 2498.
Radoux (Albert), 1466.
Radziwill (Princesse), 9069.
Raemaekers (L.), 9476, 9688, 9689.
Raffaelli (J.-F.), 7057, 11970.
Raffet (D.-A.-M.), 4521.
Raffin (L'abbé L.), 2251.
Rafina (Gesner), 1275.
Raflin (Numa), 3586.
Raguenet (A.), 2831.
Raguier (Antoine), 2112.
Rahir (Edmond), 8282.
Rahir (Édouard), 11803.
Raiga (Eugène), 3037.
Raigecourt (M. et Mme de), 8997.
Rain (Pierre), 7004.
Raisin (Fred.), 8490, 10589, 10614, 10615, 11906.
Raisson (Horace), 3264.
Rambaud (Prosper), 10075.
Rambouillet (Mlle de), V. Angennes (Julie-Lucine d').
Rambuteau (Le Cte de), 9055.
Rameau (Charles), 5864.
Ramée (D.), 2931.
Ramin (Henri), 1350.
Ramon (Gustave), 9365.
Ramond (G.), 5564.
Ramond du Pouget, 1635.
Ramorino (Général), 7600.
Ransonnette (L.), 2137, 2140.
Raoul (L. V.), 2165.
Raoul (Maximilien), 6915.
Raphael, 4562, 4563, 8327, 8328.
Rash (Carle de) [Charles Read], 8306.
Raspail (F.-V.), 1857, 9917.
Raspail (Xavier), 1276.
Raspoutine (Gregori Efimovitch), 9653.
Rastoul (A.), 1277.
Rastrelli (Bartolomeo), 2427.
Rathery (E. J. B.), 3761.
Ratisbonne (Louis), 10751.
Rau, 3168.
Raucourt (Françoise-Marie-Antoinette Saucerotte, dite), 11216, 11217.
Raulet (Louis), 6097.
Raulet (Lucien), 1345, 1636, 4118, 6161, 6171.
Raulin (G. de), 7811, 8867.
Raulin (Vtor), 5596, 7133.
Rault (J.), 3280.
Raunié (Émile), 3123, 11546.
Ravailhe (L'abbé), 1278.
Ravaillac (François), 8794.
Ravaisse (Paul), 8531.
Ravaisson-Mollien (Charles), 4176.
Ravelet (Armand), 8860.
Ravenel (J.), 3901.
Ravenez (L. W.), 7394.
Ravey (A.), 5694.
Ray (Maurice), 11705.
Raymond (Emmanuel), 1049.
Raymond (Jean-Arnaud), 1937.
Raymond (Louis), 7662.
Raymond (Paul), 2079.
Raynal (L'abbé), 8741.
Raynaud (Dr Maurice), 3425.
R. (B.), 68.
Razy (Ernest), 9860.
Read (Charles), 1941, 2522, 10752, 10796, 10797. V. Rash (Charles de).
Reaux (Émile), 6175.
Rébelliau (Alfred), 3772.
Rebière (Gatien), 10568.
Rebillot (Général baron), 9508.
Reboux (Charles), 4894.
Rebsomen (André), 7134, 7403.

Récamier (Mme), 8991.
Reclus (Élie), 1279.
Reclus (Elysée), 7979, 7980, 8013, 8190.
Reclus (Onésime), 7830, 7831.
Recouly (Raymond), 9693.
Redon (Odilon), 4568.
Régamey (Frédéric), 11241.
Régis (Louis), 7731.
Regley (L'abbé), 5572, 5573.
Regnard (J. Fr.), 6079, 6610, 10517, 10518, 10519, 10520, 11333.
Régnauld, 7219.
Regnault (Anatole), 447.
Regnault (Henri), 4373, 4569.
Regnault-Warin, 3384, 3385, 11223.
Regnier fils (Ad.), 10827.
Régnier (Auguste), 1673, 4649.
Régnier (Henri), 10424.
Régnier (Henri de), 1325, 10753.
Régnier (Louis), 2508, 6077, 6381, 6582, 6638, 6893, 6896, 6900, 8811, 9918, 9927.
Regnier (Mathurin), 10401.
Regnier [de la Brière] (P.), 5156, 5213, 10498, 11116, 11118, 11252.
Regnier Desmarais [F.-S.), 10214.
Regnoult (L'abbé), 1725.
Reichard, 8117.
Reichemberg (Suzanne), 11219.
Reimbinger (L'abbé), 5688.
Reinach (Joseph), 9450.
Reinach (Salomon), 2304, 6351, 6352.
Reinach-Foussemagne (Ctesse H. de), 8966.
Reinhard (Mme), 9031.
Reiset (Frédéric), 1343, 4151, 4152, 4193, 9162.
Reiset (Vte de), 8968.
Remacle (Cte L.), 717.
Rémard (Ch.), 6483.
Rembrandt [Rembrandt Harmenszon Van Ryn], 4374.
Remilly (Dr), 5989.
Remray, 265.
Rémusat (P. Fr. de), 3353.
Rémy (G.), 3302.
Renard (Ernest), 7627.
Renard (Jules), 11467.
Renal (Stéphane) [Max Radiguet], 4279.
Renan (Ernest), 10151, 10152.
Renart (E.), 4792.
Renaud (Maurice), 1492.
Renaudot (Théophraste), 412, 10826, 12298
Renault, 289.
Renault (Georges), 423, 515, 5049
Rendu (Ambroise), 9367.
Rendu (Eugène), 3482.
Renet (Henri), 1370.
Rendu (Z.), 6622.
Renée (Amédée), 2872, 2873.
Renneville (Constantin de), 3321, 10563.
Renouard (Charles), 10088.
Renouard (Paul), 4570, 11937.
Renouard (Ph.), 27, 3830.
Renoul (Amaury), 9805.
Restif de la Bretonne, 2036, 2037, 4839.
Rétaux de Villette (Marc Antoine), 8947.
Réthoré (Gumbert-Alexandre), 6518, 6519.
Retté (Adolphe), 6484, 11632.
Reuilly (Jean de), 11217.
Reuter, 9738.
Réval (Gabrielle), 11052.
Réveil, 4124.
Reveilhac (Paul), 9369.
Reveillé-Parise (J.-H.), 6990.
Revel (Commandant), 7601.
Revel (Max), 5370.
Révérand (Pierre), 2996.
Révérend du Mesnil (E.), 10499.
Révillon (Th.), 12025.
Revillout (Ch.-J.), 8877.
Revol (Capitaine), 1080.
Rey, 1503.
Rey (Alfred), 3372.
Rey (Auguste), 26, 5839, 6078, 6092, 6198, 6365, 6366, 6367, 6368, 8698, 8743, 8744, 8745, 9509, 10409, 10673.
Rey (Édouard-Gabriel), 2496.
Rey (Jules), 6906.
Reymann, 12409.
Reymond (Marcel), 8847.
Reynald (Hugues), 7047.
Rez (L.), 1836.
Rheinswald (Albert), 10876.
Rhoné (Arthur), 8592.
Riat (Georges), 600.
Ribadieu (Henry), 7135, 7161.
Ribeyre (Félix), 9785, 9795, 9848.
Ricard (Mgr A.), 10843.
Ricaud (Th.), 7339

Ricci (Seymour de), 11787.
Richard, 199, 3150, 5532, 7783, 7784, 7785, 8307.
Richard (L'abbé), 8808.
Richard (L'abbé), 6512.
Richard (Albert), 9139.
Richard (Dr Émile), 3063, 3457.
Richard (Dr J.), 7890.
Richard (Jules), 4290, 4558, 9370.
Richard (L.), 10010.
Richardet (G.), 1271, 9427.
Richaud (Hyacinthe), 800.
Richebé (Raymond), 6796, 9949.
Richelieu (Armand-Jean du Plessis, duc de) [le cardinal], 3563.
Richelieu (Louis-François-Armand de Vignerod du Plessis, duc de) [le maréchal], 2031, 7295, 8939.
Richemond (Émile), 6510, 6511.
Richepin (Jean), 10604, 10754, 10755.
Richet (Charles), 9919, 10166, 10756.
Richier (Jean), 6833.
Richomme (Mme Fanny), 601.
Richoux (N.), 10132.
Richtenberger (Eugène), 4133.
Ridder (A. de), 4170, 12006.
Riedl (Adrian von), 8127.
Rienzi [Nicolas Gabrini], 8712.
Rieux (Le président de), 4549.
Riffaut, 11667.
Rigal (Eugène), 5133, 11142, 11143, 11150.
Rigaud (J.), 2147.
Rigaud (Lucien), 3165, 10258, 10259.
Rigault (Raoul), 1185, 1273.
Rigby (Edward), 8987.
Rigolboche [Marguerite Badel], 4945.
Rigoley de Juvigny, 10553.
Rigollot (Dr), 8696.
Riocreux (D.), 4742.
Riou, 10711.
Rioult de Neuville (L.), 6868.
Ripault (Eugène), 9799, 10952.
Ripostelli (Joseph), 8331.
Risch (Léon), 6109, 6357.
Ris-Paquot, 4792.
Rissler (Léon), 9206.
Ristelhuber (P.), 10886.
Ristori (La), 5259.
Ritter (C.), 1435.
Ritter (Paul), 7467.
Ritters, 8021.
Rittiez (F.), 2585, 3182.
Rivarol [Antoine Rivaroli], 10865.
Rivière (Général de), 9201.
Rivière (Émile), 554, 3426, 10195.
Rivière (Henri), 4066, 11470.
Rivière (H.-F.), 10077.
Rivière-Dufresny, 11095, 11096.
Robaudi (A.), 11356.
Robaut (Alfred), 4524.
Robbé de Beauveset (Pierre-Honoré), 8886, 10564.
Robert, 8413.
Robert (A.), 6654.
Robert (Adolphe), 8972, 9798.
Robert (Edmond), 1146, 4988.
Robert (Hubert), 4571, 12027.
Robert (J.), 133, 5615.
Robert (J.-B.), 5567.
Robert (L.), 4251.
Robert (Léon), 10491.
Robert (Dr L. Eugène), 6169.
Robert (Paul), 2564.
Robert (Sir Paul), 2038.
Robert (Pierre), 4801.
Robert (Ulysse), 3692, 5758, 9980, 11864.
Robert [de Sery] (Paul-Ponce-Antoine), 8970.
Robert, Robert de Vaugondy, V. Vaugondy (Robert de).
Roberd-Guyard, 660.
Robert-Houdin (Jean-Eugène), 9163.
Robert-Milles (S.), 2653.
Robert-Robert, 5418.
Robertson (William), 9741, 9742.
Robertson (W. Graham), 11703.
Robespierre (Maximilien de), 801, 802, 803, 804, 9044.
Robida (A.), 415, 416, 2888, 3860, 4376, 5050, 5051, 9169.
Robillard de Beaurepaire (Eugène de), 6904, 9920.
Robillot (L.), 6859.
Robin (Charles), 10479.
Robin (Léonard), 791.
Robin Delaquintinye, 1794.
Robine (Marie), 8769.
Robinet, 3902.
Robinet (Dr), 780, 894, 8972.
Robinet de Cléry (G.-A.), 1081.
Robinson (W.), 1795.

Robiquet (Jacques), 11759.
Robiquet (Paul), 729, 2543, 3919.
Robit (J. F. A.), 6485.
Robolsky (Hermann), 1082.
Roch (Eugène), 4935.
Rochambeau (Cte A. de), 614.
Rochas (L'abbé G.), 7060.
Rochas d'Aiglun (Albert de), 11907.
Roche (Denis), 11525.
Roche (Pierre), 11680.
Roché (H.-P.), 9695.
Rocheblave (S.), 4560, 9861.
Rochechouart (Louis-Victor de), Cte de Vivonne, 3956.
Rochefort (Henri) [de Rochefort-Luçay], 3874, 4029, 9510.
Rochegrosse (Georges), 10572.
Rochegude (Marquis de), 352, 353, 354.
Rochel (Clément), 11501.
Rocher (L'abbé), 6978.
Rocher (Mme G.), 6353.
Rochet (Charles), 1946.
Rochette (Raoul), 3707.
Rochon de Chabannes, 11334, 11737.
Rocquancourt (Cdant), 1645.
Rod (Édouard), 5052, 8494, 8510.
Rodin (Auguste), 4564, 4565, 8239.
Rodocanachi (E.), 2666, 8863.
Rodrigues (Edgar), 1083.
Rodrigues (Eugène), 11632.
Rœderer (Cte), 9032.
Rogeard (A.), 9140.
Roger père et fils, 3151.
Roger (Aug.), 10078.
Roger (Fernand), 6226.
Roger (Noëlle), 11053.
Roger-Ballu, 4592.
« Roger de Beauvoir » [Édouard Roger de Bully], 5472.
Roger de Nesles (Mme), 11608.
Rogeron (L.), 9371.
Roget (F. F.), 10238.
Rogge (Bernhard), 11600.
Rogniat (Général), 1641.
Rohan (Louis-René-Édouard de) [le cardinal], 8947, 8970.
Rohault fils (Ch.), 3444.
Rohault de Fleury (G.), 516.
Roi, 11702.
Roi de Rome (le), [François-Charles-Joseph Bonaparte], 477, 9007, 9010.
Roland, 10379.
Roland [de la Platière] (Jean-Marie), 797, 7803.
Roland (Mme) [Jeanne-Manon Phlipon], 792, 793, 794, 795, 796, 797, 798, 7245.
Roland (Dr F.), 8856.
Rolin (L.), 9372.
Roll (Alfred), 11755.
Roll (Maximin), 11253.
Rolland, 2532.
Rolland (Jules), 9373.
Rolland (Romain), 11471.
Rollin (Charles), 8593, 8594, 10236.
Rollin (L'abbé Edmond), 7649.
Romain-Mornai, 3688.
Romains (Jules) [L. Farigoule], 11472.
Roman (Joseph), 784, 9843, 11853.
Rombise (Antoine de), 1635, 12395.
Rome (E. F.), 9374.
Rondel (Auguste), 10500.
Rondelet (A.), 2378.
Rondelet (J.), 2380.
Rondonneau de la Motte, 3082.
Ronesse (J.-H.), 1833.
Ronsard (Pierre de), 614, 10402, 10403, 10404.
Rooses (Max), 8250.
Roosevelt (Théodore), 10167
Ropiteau (Dr Georges), 3336.
Rops (Félicien), 339, 5365, 5429.
Roque [de Fillol], 5680.
Roquefort (B. de), 12134.
Roqueplan (Nestor), 5272.
Roscoe (Thomas), 8309.
Rosmer (Jean), 4250.
Rosny (Joseph), 4881, 4882.
Rossel (Capitaine Louis-Nathaniel), 1273, 1281, 1282, 1283, 1284, 9375.
Rossel (Virgile), 10093.
Rosset (François de), 5079.
Rossi (Antonio Raimondo), 8308.
Rossieny (Marc de), 239, 1729.
Rossignol, 4989.
Rossignol (Léon), 3894.
Rossi-Sacchetti (V.), 662.
Rostaing (A.), 497.
Rostand (Edmond), 10757, 10758, 10759, 10760.
Roth (Georges), 10875.
Rothan, 4384

Rothschild (Arthur de), 7905, 7906.
Rothschild (Henri de), 10869.
Rothschild (James de), 3902.
Rothschild (Mme de), 5630.
Rotrou (Jean), 10521.
Rottée (E.), 6585.
Rouargue frères, 2208, 4977, 7199, 8110, 8388.
Rouargue jeune, 7199, 8110, 8388.
Rouart (Henri), 12317.
Roucher (Jean-Antoine), 3294.
Rouffiac (J.), 1084.
Rougemont (De), 4905.
Rouget, 6427.
Rouget de Lisle (Claude-Joseph), 11672.
Rougon (Dr), 3427.
Rouillé-Courbe, 7013.
Rouilliard (Sébastien). V. Roulliard (Sébastian).
Roujon (Henri), 3578.
Roujou (Anatole), 5568.
Roulleau de la Roussière (Louis), 851.
Roullet, 5228.
Roulliard (Sebastian), 2319, 6405.
Rousse (Edmond), 3250.
Rousse (Émile), 6280.
Rousseau, 3147, 3152.
Rousseau (François), 8983.
Rousseau (Jean), 4053.
Rousseau (Jean-Baptiste), 10406, 10565.
Rousseau (Jean-Jacques), 5797, 6191, 7610, 7659, 7680, 10866, 10867, 10868, 10869, 10870-10876.
Roussel, 7869, 12192.
Roussel (Le P.), 888.
Roussel (Auguste), 1085.
Roussel (D.), 6988.
Roussel (Jules), 4222.
Roussel (P.-J.-A.), 1909.
Roussel (Dr Théophile), 9921.
Rousselet (Albin), 3084.
Rousselet (Louis), 2782.
Rousselle, 11546.
Rousselot (Ernest), 7266.
Rousserreille (Pierre de), 6368.
Rousset (Lt-Colonel), 1285.
Rousset (Ch.), 68.
Rousset (Ildefonse), 5516, 5786.
Rouvet (Jean), 7031.
Rouvet (Massillon), 1086.
Rouveyre (André), 4452, 5134, 5216.
Rouveyre (Édouard), 11968.
Rouvières (De), 6139.
Roux (Antony), 12028.
Roux (Marcel), 3732.
Rouxel (Albert), 3596.
Rouxel (Jean), 11473.
Rouyer (Eugène), 1913.
Roy (L'abbé), 8962.
Roy (Émile), 10844, 11142.
Roy (Lucien), 4848.
Roy (Maurice), 791, 5796, 6481, 6482, 6811, 8792.
Royannez (Adolphe), 11474.
Royaumont (Louis de), 10897.
Roybet (F.), 9602.
Royer (Alphonse), 5263, 11110, 11506, 11511, 11518.
Royer (Clémence), 643.
Royon (A. de), 1827.
Roz (Firmin), 10966.
Rozan (Charles), 11104.
Roze (L'abbé), 6766.
Roze (Ernest), 3445.
Rozier (Victor), 5371.
Rozière (Eugène de), 3612, 6682.
Ruble (Bon Alphonse de), 11909.
Rude (Maxime), 5437.
Rudler (G.), 8766.
Rueille (Ch.-Em.), 3752, 11854.
Ruffin-Cordelier (J.), 7752.
Ruffini (J.), 4990.
Rufin (Ernest), 7512.
Ruprich-Robert, 1942, 12269.
Rusterholtz, 9642.
Rüstow, 9376.
Rymkiewicz (X.), 10109.

S

Sabatier, 1187, 2174.
Sabatier (Mme) [Apollonie-Aglaé Savetier], 12029.
Sabatier (Alfred), 460, 461, 462.
Sabatier (Dr J.-C.), 3410.
Sabatier (Raymond), 12029.
Sabine (Henri), 4664.
Sabir (C. de), 8582.
Sachaile [de la Barre] (C.), 3428.
Sadler (P.), 9732, 10264.
Sadoux (Eugène), 5900, 6087.

Saffray (Mlle Blanche), 607.
Sagausan, 1699.
Sagnac (Ph.), 744.
Sage, 3447.
Sageret (Jules), 10153.
Saglio (André), 5053.
Sahib [Louis-Ernest Lesage], 9369.
Saige (Gustave), 27.
Saint-Alban (A. de), 5408.
Saint-Albin (A. de), 2943, 11442.
Saint-Albin (J.), 192.
Saint-Albin (Philippe de), 6311.
Saint-Allais (Nicolas Viton de), 8633.
Saint-André, 1881.
Saint-André (Claude), 8929.
Saint-Antoine (Hippolyte Daniel de), 5840.
Saint-Aubin (Mr de), 9450.
Saint-Aubin (Gabriel de), 563, 4566, 4567, 11869.
Saint-Edme [Edme-Théodore Bourg], 330, 3262.
Saint-Edme (Ernest), 1019.
Saint-Elme (Ida) [Elzelina Van Aylde Jonghe], 9033.
Saint-Elme Gautier, 2271.
Saint-Évremont (Charles de Marguetel de Saint-Denys de), 11335.
Saint-Foix (Cte de), 12079.
Saint-Foix (Poullain de), 563, 564, 565, 566.
Saint-Foix (Auguste Poullain de), 566.
Saint-Georges (H. de), 11475.
Saint-Georges de Bouhélier, 11638.
Saint-Germain (T.), 9377.
Saint-Hilaire (M. de), 5532.
Saint-Huruge (Le marquis de), 746.
Saint-James (E. B. de), marquis de Gaucourt, 5896.
Saint-Joanny (Dominique-Gustave), 2921, 4087.
Saint-Jours (B.), 7136, 7409.
Saint-Juirs, 1453.
Saint-Julien (A. de), 2623.
Saint-Just (Louis-Antoine de), 808.
Saint-Lambert (Jean-François, Mis de), 10154.
Saint-Léger (J. de), 3354.
Saint-Loup (S. de), 11054.
Saint-Marc (B.), 2039.
Saint-Marc (C. de), 9945.
Saint-Pol (Cte de), 6769, 8910, 9998.
Saint-Quentin, 11702.
Saint-Reuil-Dupouy (J.), 7293.
Saint-Roman (Ctesse de), 10913.
Saint-Saud (Cte de), 7106, 7459, 8746, 9946.
Saint-Simon (Louis de Rouvroy, duc de), 5532, 10827, 10828, 10829.
Saint-Spérat (Mme de), 4896.
Saint-Surin (Mme de), 1950.
Saint-Victor (J.-B. de), 372, 12132.
Sainte-Beuve (Charles-Augustin de), 609, 4936, 6255, 8885, 9776, 10431, 10678, 10679, 10761, 10762, 10954, 10955, 10956, 10957, 10958, 10959, 10960, 10961, 10962, 10963, 10964-10968, 11016.
Saintonges (J.-C.), 8131.
Saisset (Émile), 10311.
Sakellaridès (Emma), 10779, 10783.
Salaberry (Le Cte de), 9056.
Salelles (De), 5264.
Salis (Patrice), 1286, 6060, 6369.
Sallior (François), 861.
Salluste, 10330.
Salmon (L'abbé F. R.), 2233, 2445.
Salomon (Georges), 3124.
Salomon (Michel), 11007.
Salomon (P.-T.), 3153.
Salt (Henry S.), 10196.
Samain (Albert), 10763, 10764, 10765, 11738.
Samaran (Charles), 8890.
Samson (Joseph-Isidore), 3601, 5135, 11254.
Sand (George) [Amandine-Lucie-Aurore Dupin, baronne Dudevant], 9378, 10681, 10731, 10735, 10738, 10969, 10970, 10971, 10972, 10973, 10974, 11476.
Sand (Maurice), 11008.
Sandeau (Jules), 4918.
Sandoz (G. Roger), 2022.
Sandras de Courtilz, 110.
Sanguin (Nicolas), 6679.
Sanson, 8041.
Sanson (Charles-Henri), 3365, 8999.
Santa-Anna Nery (F. J. de), 8561.
Santerre (Antoine-Joseph), 805, 806.
Santeul (J.-B.), 10356.
Santini (Noël), 1977.
Santo Domingo, 4906.

Sapin (Léon), 3800, 9922.
Saqui (Mme) [Marguerite-Antoinette Lalanne], 11255.
Sarazin (C.), 9379.
Sarazin (Lucien), 9873.
Sarcey (Francisque), 1087, 4088, 5189, 5217, 10915, 11157, 11158, 11681.
Sarcos (Ad.), 7907.
Sardou (A.-L.), 11105.
Sardou (Victorien), 803, 5015, 11477, 12030, 12170.
Sargenton-Galichon (Adelaïde), 8583, 8584.
Sarlin (Louis), 12031.
Sarrauton (Henri de), 7989.
Sarrazin (Charles), 2305.
Sarrazin (Jehan), 5054.
Sarrepont (H. de), 1088, 1089.
Sarrette (B.), 5148.
Sarrion (O. M. de), 8014.
Sarrut (Germain), 330.
Sarrut (Paulin), 1090.
Sartiaux (E.), 6694.
Sartor, 6823.
Sartor (Mme), 6823.
Saugrain (Claude-Marin), 116, 117, 118, 119, 120, 121, 7804, 12123.
Saulcy (F. de), 4229.
Saulnier (Eugène), 4819.
Saunier (Charles), 7170.
Saurs von Franchenberg (Abraham), 8001.
Sauvage (Sylvain), 4891.
Sauvageot (Claude), 6058.
Sauval (Henry), 703, 5389, 12158.
Sauvan, 8734.
Sauvan (B.), 3183.
Sauvan (J.-B.-B.), 3912.
Sauvert (Albert), 2879.
Sauzay (A.), 4187.
Sauzé (Charles), 6275.
Savalette de Lange, 9923, 9924.
Savignac (R. P.), 4629.
Savigny de Moncorps (Vte de), 4761, 4762, 9926.
Savin de Larclause, 9376.
Savine (Albert), 814, 1331, 3298, 3322, 5991, 6297, 8853, 9065.
Savorgnan de Brazza (P.), 8532.
Savornin (L'abbé), 2325.
Savreux (Maurice), 4743.
Saxe (Hermann Maurice, comte de) [le maréchal], 3317.
Saxe (Princesse Louise de), 9511.
Say (Horace), 2544.
Scaglia (Sixte), 8333.
Scaliger (J.), 10329.
Scaramouche [Tiberio Fiurelli, dit], 11220, 11221.
Scarron (Paul), 10523, 10524.
Schaffhauser (E.), 10082.
Schefer (Gaston), 3751.
Schefer (Gaston), 11479.
Scheibert (Major), 9380.
Schelcher (André), 755, 2209.
Schiller (Johann Christoph Friedrich), 11583, 11584.
Schilling (Dr N.-H.), 1852.
Schir (A.), 6848.
Schlacher (Josef), 8223.
Schlumberger (A.), 9967.
Schmeltz (Louis), 3000.
Schmidlin (S.), 8514.
Schmidt (Adolphe), 720, 831.
Schmidt (Charles), 858, 3664.
Schmidt (J. A. E.), 10270.
Schmit (J.-P.), 3183, 4691.
Schneider, 1757.
Schneider (Édouard), 11198.
Schœlcher (V.), 3357, 9115.
Schoen (Baron de), 9696.
Schoenher (P.), 2265.
Schrader (F.), 7981, 7982, 8058, 8059.
Schrevelius (Cornelius), 10206.
Schryver (S. de), 8964.
Schuler (Q.), 1091.
Schultz (Albert), 3895.
Schulz (Albert), 11849.
Schwabe (Carloz), 11731.
Schwaebl (René), 5055.
Schwartz, 2043.
Schwartze (Th.), 10035.
Schweinfurth (George), 8533.
Schweitzer (E.), 9264.
Schwob (Maurice), 6935
Scotin, 1547.
Scott, 11579.
Scott (Georges), 5202, 6054.
Scott (John), 2191, 4907.
Scott (Walter), 11601, 11602, 11603, 11604.
Scribe (Eugène), 11480.

Scudéry (Magdeleine de), 5992.
Séailles (Gabriel), 9849.
Sébert (Général), 11894.
Sébillot (Paul), 2911, 4474.
Sébran (Marie), 1092.
Secchi (Le R. P. A.), 10014, 10055.
Séché (Léon), 1288, 4937, 6256, 10675, 10676, 10703, 10727, 10728, 10740, 10776, 10931, 10967.
Secretan (Colonel), 9381.
Secrétan (E.), 4386.
Sédaine (Michel-Jean), 6368, 11336, 11337.
Sedelmeyer (Ch.), 12032.
Sedeyn (Émile), 1500.
Sée (Edmond), 11481.
Sée (Julien), 6854.
Segard, 2210.
Segond (A.), 10183.
Séguin (Girard), 11046.
Séguin (Pierre), 6676.
Ségur (Marquis de), 9164.
Séguran (Victor-Emmanuel), 7715.
Seignebet (Paul), 1489.
Seinguerlet (Étienne), 9382.
Seligman (Edmond), 3176.
Selle de Beauchamp, 2263 bis.
Sellier (Charles), 517, 518, 519, 2056, 2061, 2077, 2092, 2112, 2119, 2120, 3672, 4251.
Sellier (Henri), 5569.
Sémaillé (Cte de), 864.
Semichon (Roger), 11134.
Sempronius, 1290.
Sénac de Meilhan (Gabriel), 8638.
Sénancour (E. de), 9039.
Sénéchal (Gaston), 6464, 6521, 7563.
Sénèque, 10357, 10358.
Sérafon (L.), 2930.
Serand (J.), 4577.
Serbat (L.), 7438.
Seré (Paul), 3319.
Seré-Depoin (E.), 6227, 9927.
Séréna (Carla), 8585.
Sérès (Raymond), 1093.
Seret (Paul), 6719.
Sérilly (Mme de), 8200.
Séris (H.-L.-L.), 5774.
Servant (Henri), 2659.
Servier (D^r), 2516.
Servières (L.), 9981.
Servois (Gustave), 2509, 3067, 10820.
Seryes, 4908.
Sévigné (Mme de) [Marie de Rabutin-Chantal], 612, 2071, 10833, 10834, 10835, 10836, 10837, 10838, 10839, 10840, 10841.
Sévigné (Charles de), 10841.
Sévrette (Gaston), 11572.
Shakespeare (William), 10941, 11605, 11606, 11607, 11608.
Shaw (Bernard), 11523.
Sheppard (N.), 1094.
Sieber (Louis), 3831.
Sieber (Dr Ludwig), 9820.
Signouret (Raymond), 9383.
Silbert (Dr P.), 9820.
Sillery (J.), 2115.
Silvain (E.-C.-J.), 11249.
Silvestre (Armand), 4292.
Silvestre (Israël), 2211, 2659, 11824.
Silvestre (L.-C.), 3832, 9928.
Siméon (Cte M. A.), 7267.
Simon (Charles), 6035.
Simon (Gustave), 4260, 9534, 10677, 10678, 10679, 10680, 10681.
« Simon (Hégésippe) », 11066.
Simon (Henry-Abel), 4779.
Simon (Jules) [Jules-François-Simon Suisse], 9384, 9428, 9512.
Simond (Charles), 922, 1454, 9143.
Simond (J.), 7656.
Sinet (Eugène), 5664, 5775.
Singher (Adolphe), 12033.
Siou-Gelley (E.), 418.
Sipière, 11482.
Siret (Adolphe), 4403.
Sirven (Alfred), 3896, 9385.
Sivry (Charles de), 11369.
Smith (William), 8094.
Smollet (Tobie George), 9729.
Soanen (Jean), 11677.
Socard (Émile), 11855.
Sohr-Berghaus, 8060.
Soil (Eugène), 6929.
Soissons (Cte de), 8796.
Sokoloff (Nicolas), 9697.
Solard (Auguste), 1984.
Soleinne (M. de), 3802.
Solié (Émile), 5281.
Solis (Antoine de), 8562.
Sombreuse (Cte de), 9066.

Somm (Henry), 10588.
Sommervogel (Carlos), 11810.
Sommet, 7575.
Songeon (Général), 9925.
Sonolet (Louis), 4955, 10766.
Sophocle, 10318, 10319, 10320.
Sorbon (Robert de), 3558.
Sorel (Albert), 9386.
Sorel (Alexandre), 2479, 6580, 6602, 9820, 10078.
Sorel (Charles), 10844.
Sormiou (Marie de), 11577.
Sosson (Alexandre), 8309.
Soubeyran de Saint-Prix (Humbert de) [et Hector], 807.
Soubies (Albert), 1101, 4395, 5219, 5282, 5283, 5284, 5316, 5317, 5324, 12351.
Soudier de Riche Source (Jean de), 2877.
Soufflot (J.-G.), 2368, 4726.
Souham (Général), 9929.
Soulange-Bodin (H.), 2150.
Soulié (Émile), 4923.
Soulié (Eudore), 6012, 6013, 6014, 6015, 8800, 8906, 10501, 10502.
Soulié (Maurice), 11459.
Soullier (Charles), 4991.
Sourches (Marquis de), 8838, 8839, 8840.
Souza (Mme de) [A.-M.-E. Filleul, Ctesse de Flahaut], 8971.
Souviron, 10083.
Spencer (Herbert), 7990.
Spinazzola (Vittorio), 8346.
Spirgatis (Dr Max), 3391.
Spoelberch de Lovenjoul (Vte de), 10930, 11910.
Spon (Jacob), 8495, 8496.
Springer (A.), 12160.
Sprunner-Menke, 8061.
Staal (La baronne de), 8911, 8912.
Staal (G.), 8707.
Staël (Baronne de) [Anne-Louise-Germaine Necker], 10975.
Staines (Théodore), 5390.
Stair (J.), 6313.
Stanley of Alderley (Lady), 11609.
Stapfer (P.), 11580.
Steenackers (F.-F.), 9184, 9387.
Steengracht, 12034.
Stein (Henri), 904, 1928, 2571, 3184, 3185, 3207, 3659, 4559, 4660, 6302, 6965, 7031, 9824, 11805, 11832, 11834, 11933, 12427.
Steinheil (G.), 3412.
Steinheil (Marguerite), 9513.
Steinlen (T.-A.), 4572, 11755.
Stemler (Octave), 6260.
Stendhal [Marie-Henri Beyle], 10976.
Stéphani (Camille), 7960.
Stéphen (Marc), 2356.
Sterling (André), 11055.
Sterling (Julien), 1951.
Sterne (Laurence), 11610, 11611.
Stevens (Alfred), 4375.
Stever, 2063.
Steward (J.), 204.
Stiegler (Gaston), 8104.
Stieler (Adolf), 8062, 8063.
Stiévenart (J.-F.), 10286.
Stirbey (Georges B.), 5624, 8674.
Stockmar (Joseph), 7975.
Stoehling (Charles), 9388.
Stoffel (Cel baron), 9389, 9390.
Stoltz (Rosina) [Victoire Noël], 11222.
Storelli (A.), 7005.
Stoullig (Edmond), 11260.
Strabon, 10321, 10322.
Strada (Famiano), 10359.
Strahlheim (E.), 4453.
Strauss (Paul), 602.
Streib (G.), 12256.
Strelbitzhi, 8375.
Strindberg (Auguste), 11524.
Strohm (Adam Julius), 11836.
Strowsky (Fortunat), 10790.
Strub (E.), 8438.
Stryenski (Casimir), 8940, 9030.
Stur (Karl), 11097.
Suarès (André), 11650.
Suère-Duplan (Jean-Maurice), 10318.
Suétone, 10360.
Sueur (Dr H.), 1103.
Sully (Maximilien de Béthune, baron de Rosny, duc de), 8797, 8798.
Sully Prudhomme, 10767, 10768, 11740.
Suminokura, 4387.
Summer (Mary), 5476.
Summerly (Félix), 8204.
Surr (Thomas Skinner), 4909.
Sury (Charles), 3822.
Sussmann (Alfred), 12035.
Sutter-Laumann, 1295.

Symon de Villeneuve, 9165.
Syrceilh (François), 7239.

T

Tabari (Jean), 8733.
Tabariès de Grandsaignes, 487, 3483.
Tabarin [Jean Salomon], 11098.
Tabourreau des Accords, 11099.
Tacite, 10361.
Taiée (Ch.), 6693.
Taillandier (L'abbé), 2263 bis.
Taillandier (A.), 2545.
Taillandier (A.-H.), 6403, 6410.
Taillard (Constant), 5533.
Tailliar (Paul), 5446.
Taine (Hippolyte), 4992, 8168, 11585.
Taisne (Louis), 5798.
Talagrand (J.-L.), 6916.
Talansier (Ch.), 4514.
Talboscq (Charles), 5801.
Talbot (Eugène), 10304, 10324, 10340.
Tallandier, 1344.
Tallemant des Réaux (Gédéon), 3900.
Tallendeau (A.), 6873.
Talleyrand de Périgord (Charles-Maurice de), prince de Bénévent, 9034, 9057.
Talma (François-Joseph), 11197, 11223, 11256.
Talmeyr (Maurice), 3287.
Tambour (E.), 728, 6202.
Tamizey de Larroque, 7268, 7269, 9930.
Tampier (Dr), 11212.
Tannenberg (Otto Richard), 9700.
Tanon (Louis), 2252, 2503.
Taphanel (Achille), 5954, 6323, 6324.
Tarby (Jules), 6259.
Tardieu (Ambroise), 1351, 1956, 3127, 7037, 7053, 7058, 7738, 8105, 8229.
Tardieu (Amédée), 10322.
Tardieu (André), 9701.
Tarente (La princesse de), 9000.
Targes (Georges de), 1305.
Tarlier (H.), 8286.
Tarrida del Marmol (F.), 8747.
Tarry (Gaston), 5404.
Tarsot (Louis), 6355, 11009.
Tartière (Henri), 6233.
Taschereau (J.), 10504.
Tassaert (O.), 4518.
Tasse (Le), 11625.
Tassin, 8125, 11760.
Tastu (Mme Amable), 10769.
Taufsin (Henri), 3561, 6742, 9947.
Tavernier (Adolphe), 5350, 5473, 8732.
Taxil (L.), 2154.
Taylor (E. A.), 632.
Tchékhov (Antoine), 11525.
Teisserenc (L'abbé), 169, 170.
Teissier (Octave), 3626.
Tenon (Jacques-René), 3060.
Ténot (Eugène), 1650, 9116.
Tenré (L.), 2726.
Ternaux-Compans (H.), 3690.
Terquem (Émile), 9882.
Terrade (Albert), 5900, 5901, 5902, 5994, 9441, 9911, 10766.
Terrasson (L'abbé), 1519, 8640.
Terry (H.), 7624.
Téry (Gustave), 11010, 11011.
Tessandier (Aimée), 11257.
Tessereau (Dr), 2444.
Tessier (Jules), 1371.
Testard, 2210.
Testory (L'abbé), 5752.
Tesiu Brissy, 5347.
Testut (Oscar), 1297.
Texier (Edmond), 603, 12342.
Teyssèdre, 203.
Teyssier (Georges), 5729.
Thalasso (Adolphe), 5321.
Thèbes (Mme de), 4770.
Thédenat (L'abbé H.), 4606, 5689.
Theil (Napoléon), 10770.
Thelmier (Dr), 5298.
Thénard (M.), 727.
Thénard (Jenny), 11258.
Théobald de Courtomer (P.), 2510.
Thérésa [Emma Valladon], 11259.
Théry (Edmond), 1849.
Theuet (André), 1534.
Thérond (Émile), 1631, 5365.
Theuriet (André), 11056, 11057, 11058, 11059.
Théveneau de Morande [Charles Théveneau], 3919.
Thévenin (A.), 11738.
Thévenot, 1104, 1105.
Thevet (André), 8002.
Thibaud (Hip.), 8756.
Thibaudeau (E.), 3833.

Thiébault (Edmond), 9393.
Thiébault de Berneaud (Arsène), 6636.
Thielmann (Baron de), 8379.
Thieme (Hugo P.), 11806.
Thierriat (Augustin), 7530.
Thierry (Édouard), 407, 5220, 5221, 10505.
Thiers (Adolphe), 824, 825, 929, 930, 1190, 1249, 1292, 1646, 2546, 9063, 9173, 9286, 9288, 9394, 9425, 9426, 9427, 9428, 9429, 9931.
Thiers (Édouard), 9395.
Thiéry, 141, 142, 143, 144, 145, 146, 147, 148, 149, 5534, 12129.
Thiéry, 8905.
Thiéry (Maurice), 1336, 5056, 9702.
Thiessé (Léon), 10923.
Thinet (Jules), 11486.
Thiollier (Félix), 7509, 7540, 7542.
Thiollier (Noël), 7509, 7511.
Thirion (H.), 1987.
Thoinan (Ernest), 5125, 10510.
Thoison (Eugène), 6407, 6465, 6965.
Tholmer (François), 2487.
Thomas (A. J. A.), 3228.
Thomas (Antoine), 10228.
Thomas (Fernand), 7295, 7296.
Thomas (Dom Grégoire-M.), 7446.
Thomas (L'abbé Henri), 6282, 6283.
Thomas (J.), 10134.
Thomas (L'abbé Jules), 10805.
Thomas (Léon), 6220.
Thomas (Louis), 1298, 5995, 10907.
Thomas (Cdant G. Max), 9596.
Thomassin (Philippe), 4573.
Thomassin (Simon), 5996, 5997.
Thomassin (V.), 8755.
Thomé de Gamond (A.), 5845.
Thompson (Valentine), 11214.
Thou (Christophe de), 3189.
Thoumas (Général), 9397.
Thucydide, 10323.
Thuillier (L.), 344.
Thureau-Dangin (P.), 2278.
Thuriet (Ch.), 8749.
Thurner (A.), 5285.
Thurot (Fr.), 10310.
Tiepolo (Giovanni Domenico), 4574, 11957.
Tiercelin (Louis), 10776.
Tiersot (Julien), 898.
Tillet (Mgr), 7162.
Tinnenbrock (Raoul), 5535.
Tiquet (Gabriel), 6298, 6299.
Tirpenne, 6137, 7147.
Tirso de Molina, 11518.
Tisi (R.), 664.
Tissandier (Albert), 2766.
Tissandier (Gaston), 2766, 4474, 10021, 10025, 11856.
Tisserand (L. M.), 3, 4, 8, 14.
Tisseron (L.), 9786.
Tite Live, 10362.
Titeux (Eugène), 6325.
Titmarsh, 313.
Töpffer (R.), 8420, 8421, 8497.
Toland, 11612.
Tolstoi (Cte Léon), 10168, 11526.
Tomel (Guy), 2913, 3286, 12092.
Torcapel (John), 7605.
Torchet (L'abbé), 6494, 9398.
Torré (L'abbé A.-F.), 3996.
Tortorel (J.), 4596.
Touchard-Lafosse (G.), 63, 6962, 8841.
Touchet (Mgr), 10803.
Toudouze (Gustave), 11060.
Toulouse-Lautrec (H. de), 5332.
Toulouze, 562.
Toulouze (Ernest), 7297.
Toulouze (Eugène), 5620, 5695.
Tourguenieff (Ivan), 10977.
Tourlet (René), 324.
Toursebize (P. François), 10169.
Tournet (J.), 3190.
Tourneur (L'abbé V.), 6822.
Tourneux (Maurice), 765, 838, 839, 884, 3792, 4545, 4548, 6769, 8655, 8750, 8902, 8903, 9831, 9910, 9922, 9930, 9932, 9933, 9968, 10953, 11742, 11857, 11874.
Tournon (Le Cte de), 7395.
Tourny (L. U. de), 7329, 7396, 7397, 7398.
Tourzel (Duchesse de) [Louise-Élisabeth de Croy d'Havrès], 8961.
Toussaint (C. J.), 5229.
Toussaint (Clara), 9338.
Toussaint (Henri), 2216.
Toussaint (Louis), 11668.
Toutain (J.), 1372, 4634.
Tranchant (Charles), 6954.
Travenol (Louis), 5139.

Travers (Émile), 702, 4454, 8212, 9930.
Trawinsky (F.), 4137.
Trébucq (S.), 7137, 7573.
Trélat (Émile), 6527.
Trésal (S.), 7606.
Trétaigne (Léon-Michel de), 520.
Trévise (Duchesse de), 12036.
Triaire (Dr Paul), 8842.
Trick, 4082.
Tricotel, 690.
Trimm (Timothée) [Léo Lespès], 1299.
Tripier (Louis), 10079.
Trivier (E.), 8534.
Troche (Nicolas-Michel), 412, 531, 614, 910, 951, 1364, 1714, 2076, 2120, 2320, 2321, 2399, 2400, 2401, 2423, 2491, 3186, 3337, 3494.
Trochon (P.), 9399.
Trochu (Le général), 993, 1013, 1024, 1029, 1107, 1108, 1109, 1171, 9187.
Troimaux (Edgar), 3187, 3285.
Troisvilles (Le capitaine), 8878.
Trollope (L. Adolphus), 11613.
Trombert (Albert), 6845, 8783, 10135.
Tronchay (Michel), 6257.
Tronchet (Louis), 186.
Tronchin (Henry), 1373.
Tronchin (Théodore), 1373.
Tronçon (Jean), 3196.
Trou (L'abbé), 6236.
Troubat (Jules), 6627, 6628, 10968.
Truchet (Olivier), 618, 1533.
Trudon des Ormes (A.), 1345, 2608.
Truffier (Jules), 5222, 5223, 10772, 11126, 11487, 11488.
Trumeau (L. Henri-Augustin), 1374.
Tschudi (Iwan), 8422.
Tubeuf (G.), 6382.
Tuetey (Alexandre), 27, 734, 921, 2553, 4136, 4816, 6760, 10394.
Tuffet (Salvador), 6961.
Tully (Baron de), 4795.
Turenne (Henri de la Tour d'Auvergne, Vte de), 626.
Turgan (Louis), 4731.
Turgis (Édouard), 9400.
Turgot (Michel-Étienne), 809, 810, 1546, 12179.
Turpin (Georges), 4578.
Turpin de Crissé (Cte T.), 2148.
Tussaud (Mme), 8199.
Tyssandier (Léon), 5058.
Tyszkiewicz (Cte Alfred), 11958.

U

Ubalde [A. Loquin], 3306.
Uchard (Ernest, dit Mario), 11061.
Ulrich (Général), 9401.
Underwood (T.-R.), 860.
Ungerer (Alfred), 6849.
« Un Parisien », 370, 371.
Upton (J.), 10292.
Urscheller (Henri), 6932.
Uzanne (Octave), 2940, 2941, 3869, 3988, 3989, 3990, 5059, 5467, 11631, 11807, 11930, 12382.

V

V. (M.), 3141.
Vacher (l'abbé), 2424.
Vachet (L'abbé A.), 7531.
Vachon (Marius), 1352, 1957, 2573, 2586, 3762, 4723, 6314, 6315, 6957, 8382, 9443, 12277, 12278.
Vacquer (Théodore), 2149, 5640.
Vacquerie (Auguste), 11489.
Vacquier (J.), 1985, 2095, 2150, 4455, 8931.
Vadé (J.-J.), 474, 6042, 11344.
Vadier (Berthe), [illegible]773.
Vaillard (Léon), 5125.
Vaillat (Léandre), 373, 4350, 7607, 7608, 8498.
Valade (Léon), 10774.
Valazé (Général baron de), 1641.
Valbel (Horace), 3265, 5447.
Valbert (Léon), 10260.
Valdagne (Pierre), 4035.
Valentine de Milan, 8778.
Valère Maxime, 10363.
Valet (Paul), 4563.
Vallée (Armand), 10125.
Vallée (Léon), 1529, 3709, 11858.
Vallein (V.), 7428.
Valleran, 12371.
Vallery-Radot (René), 9809.
Vallès (Jules), 1143, 1288.
Vallet, 1397.
Vallet (Auguste), 2399, 6356.
Vallet (L.), 9005.

Valleyre, 107, 108.
Vallières (Louis de), 5536.
Vallot (J.), 1379, 7647, 11859.
Valloton (Félix), 1252, 11631.
Valmore (Ondine), 10982.
Valois (Jules de), 6747.
Valois (Noël), 8769.
Valois-La Motte (Ctesse de), 8947.
Valon (Alexis de), 11669.
Valville, 10436.
Van Bever (Ad.), 8895, 10421.
Vandal (Albert), 8106, 8367.
Vandérem (Fernand), 11490.
Vandevelde (L.), 1645.
Vandières (S. de), 2748.
Van Driesten (Joseph), 9949.
Vanel (L'abbé J.-B.), 2497.
Van Eyck (Hubert et Jean), 8271.
Van Gennep (Arnold), 7590, 7609.
Van Houtte (Paul), 9711.
Van Huffel, 1708.
Van Leeuven (Simon), 10065.
Van Marcke, 2170.
Van Merlen (Jacques), 2218.
Van Neck, 9404.
Van Robais (A.), 8675.
Vantryne (Antonin), 11670, 11671.
Van Walchren Van Wadenoyen (S.), 12039.
Van Zuylen Van Nyevelt Van de Haar (Baron A.), 11491.
Vapereau (Gustave), 9778, 9779, 9861.
Varaville (Jules de), 5754, 5799.
Varennes (Henri), 3285.
Varinard (A.), 10277.
Varloy (Adrien), 2069, 11567.
Vaschalde (Henry), 10020.
Vasco de Gama, 9739.
Vasserot (Ph.), 12199.
Vatel, 11682.
Vatel (Charles), 778, 5905, 8922.
Vatin, 6687.
Vatout (J.), 2040, 2041, 5924, 8676.
Vattemare (H.), 8543.
Vattier (L'abbé A.), 6688.
Vattier (G.), 11761.
Vauban (Maréchal), 1639, 1645.
Vaudin (J.-F.), 3897.
Vaudoyer (A.-L.-T.), 2377, 3546.
Vaugelas (Claude Favre, baron de Péroges, seigneur de), 3595.
Vaugondy (Robert de), 5577, 8039, 8040, 12181, 12182, 12183.
Vaula (Jean de), 9965.
Vaulabelle (Achille de), 9035.
Vaulx (Bernard de), 521.
Vauquelin (P. H.), 1701.
Vauthelleret (Bon M. de), 8427.
Vauthier (L.-L.), 8430.
Vaux (Baron de), 5351.
Vaux (Gaston de), 6918.
Vaysse de Villiers, 5998.
V. D. S. J. (Ch.), 315.
Veber (Adrien), 1850.
Veber (Jean), 11755.
Vellay (Claude), 790, 802.
Velleius Paterculus, 10364.
Vellini (Cecilia), 11527.
Venizélos (E.), 9555.
Ventouillac (L. T.), 12261.
Venuti (L'abbé), 7212.
Vérard (Antoine), 3813.
Verconsin (Eugène), 11492.
Verdier (J.), 2480.
Verdot (J.-M.), 2074, 2120.
Verger (Ch.), 8953.
Vergnaud-Romagnesi (C. F.), 6969.
Vergniaud (Pierre-Victurnien), 779.
Verly (Baron Alfred), 9406.
Verly (Hippolyte), 6797.
Vermale (F.), 7610, 7611.
Vermorel (A.), 779, 801, 9117.
Verne (Henri), 1894.
Verne (Jules), 11062, 11063.
Vernet (Carle), 4575, 4576.
Vernet (Horace), 4575, 4576.
Vernet (Joseph), 4575, 4576, 7207.
Verniquet (Edme), 1552, 1553, 1554, 1555, 1556, 1557, 12191.
Véron (Eugène), 9407, 9408.
Véron (L'abbé François), 5661.
Véron (Louis) [Dr Véron], 4052, 4089.
Véron (Pierre), 4090, 4091, 4949, 11100.
Verteuil, 5191.
Vertot L'abbé de), 8595, 9736.
Vésinier (Pierre), 1301.
Veuillot (Louis), 1102, 4894, 11172.
Veyrat (Georges), 2598.
Veysset (Georges), 1263.
Vèze (Raoul), 714.
Vial (Henri), 456, 3161, 3330.
Vian (Louis), 10862.

VIARD (Édouard), 7812.
VIARD (Jules), 27.
VIARDOT (Louis), 11710.
VIATOR (Félix) [Fernand Bournon], 6158.
VIATTE (Jules), 2421, 6507.
VIBERG (P.-E.), 11635.
VIBERT (Paul-Théodore), 401, 9884.
VICAIRE (Georges), 9907, 9946, 10892, 10893, 11698, 11808, 11873.
VICQ, 1571.
VICTOR (Pierre), 5163.
VICTOR-EMMANUEL III, 1311, 1319.
VICTORIA (La reine), 9166.
VIDAL (Antoine), 2416, 6477, 8771.
VIDAL (Jules), 5411.
VIDAL (Pierre), 2919.
VIDAL (Pierre), 5059, 11653, 11659, 11660, 11664.
VIDEAU (G.), 7422.
VIDIER (A.), 2323, 3693, 6965.
VIDIEU (L'abbé), 1302, 2243, 2441.
VIEHL DE BOISJOSLIN, 9776.
VIEL (Charles-François), 5623.
VIEL (Jean-François), 2371.
VIEL CASTEL (Cte Horace de), 881, 9167.
VIEL LAMARE (Henri), 459.
VIENNET (J.-P.-S.), 3154.
VIÉNOT (John), 2237.
VIEUX-MAISONS (Mme de), 3914.
VIGÉE-LEBRUN (Mme), 5127.
VIGIER (Cte), 9848.
VIGNEAU (Jules), 2637.
VIGNERON, 3138.
VIGNOLA (A.), 4295.
VIGNOLE (Jacques Barozio de), 4662, 4708.
VIGNON (Claude) [Noémi Cadiot], 2706.
VIGNON (Paul), 1113.
VIGNY (Alfred de), 10776, 10777, 10778, 10779, 10780, 10781, 10782, 10783.
VIGOUREUX (C.), 1375.
VILDRAC (Charles), 11493.
VILLAIN, 1376.
VILLAIN (L'abbé), 2408.
VILLAIN (Paul), 1377.
VILLAIN DE SAINT-HILAIRE, 5352.
VILLAR (N.-G.-L. de), 3701.
VILLARD (Th.), 2812.
VILLARS (P.), 8169.
VILLATTE (Pierre), 6560.
VILLEBRESME (Vte de), 2057.
VILLEDEUIL (Cte de), 4492.
VILLEFAIGNE (J.-G. de), 10136.
VILLEMAIN (Cte de), 1540.
VILLEMESSANT (Hippolyte de), 4093.
VILLEMOT (Auguste), 4094.
VILLENEUVE (Mlle Léontine de) [l' « Occitanienne »], 10913.
VILLENOISY (F. de). V. Cosseron de Villenoisy.
VILLETARD (Edmond), 1304.
VILLETTE (Armand), 5391.
VILLIERS (de), 10466.
VILLIERS (Léon de), 1114, 1305.
VILLIERS (P.), 178, 179, 5537, 5538.
VILLIERS (R.-E. de), 1493, 1494.
VILLIERS DE L'ISLE-ADAM (Ph.-Aug.-Mathias, Cte de), 11494, 11495.
VILLIERS DU TERRAGE, 1767.
VILLON (François), 10389, 10390, 10391.
VILLOT (Frédéric), 4128, 4148, 4155.
VINCENS (Charles), 9983.
VINCENT (A.), 6487.
VINCENT (Dr J.), 7662.
VINCENT DE PAUL (Saint), 8915.
VINCEY (Paul), 5570.
VINCHON (Auguste), 2458.
« VINDEX », 9409.
VINCI (Léonard de), 4195.
VINDRY (Fleury), 8827.
VINET (Élie), 7163, 7251.
VINET (Ernest), 11860.
VINOT (Joseph), 10011.
VINOY (Général), 1115, 1306, 9415.
VINSON (Dr Auguste), 3070.
VINTIMILLE DU LUC (G. de), 8715.
VIOLLET (Paul), 720, 3397.
VIOLLET-LE-DUC (Emmanuel-Nicolas), 11267, 11861.
VIOLLET-LE-DUC (Eugène-Emmanuel), 1086, 1116, 1117-1118, 2293, 2295, 2385, 4664, 4709, 4710, 6652, 6656, 6698, 7489, 11953.
VIOLLET-LE-DUC (E.), 7612.
VIRÉ (Camille), 1735.
VIREY (Philippe), 8751.
VIRGILE, 10365, 10366, 10367, 10368.
VIRLET D'AOUST, 397, 1398.
VIRMAÎTRE (Charles), 604, 1307, 3126, 3266, 4053, 4095, 4096, 4097, 4098, 4099, 4456.
VISCHER (Peter), 4577.
VISME (Armand de), 6083.

Vital (Orderic), 6919, 6920, 11694.
Vitellius (Stephanus), 1534.
Vitet (L.), 1895, 1896, 1904.
Vitoux (Georges), 2965.
Vitrac (Maurice), 7771, 8903.
Vitry (Paul), 4138, 4354, 5755, 6140, 7014.
Vitta (Émile), 10784.
Vitu (Augusto), 345, 429, 4100, 4101, 5224, 10444, 10510, 10812, 11163.
Vitzthum (Georg Graf), 4119.
Vivarez (Henri), 10686.
Vivenel (Cyr-Jean-Marie), 4702.
Viviani (René), 9718.
Vivie (Aurélien), 7271, 7382.
Vivien (Paul), 3214.
Vivien de Saint-Martin, 7983, 7984, 8022, 8064, 8065.
Vizine (D. J. von), 9001.
Vogel, 11017.
Vogelsang (De), 11521.
Vogt d'Hunolstein (Cte Paul), 8945.
Vogüé (Marquis de), 9934.
Vogüé (Vte E. Melchior de), 9001.
Voinovitch (Cte L. de), 9719.
Voiture (Vincent), 10522.
Volbertal (J.-H.), 6637.
Vollant (L.), 6060.
Vollet (Pasteur), 2471.
Voltaire [François-Marie Arouet], 2372, 4529, 7379, 8508, 8920, 9737, 9861, 10567, 10877, 10878, 10879, 10880, 10881-10886.
Vorlac (Gaston), 5438.
Vos (Luc de), 553.
Vrain Lucas, 11067, 11068.
Vranckrycx (Gehell), 7756, 7770.
Vresse (Arnauld), 1079.
Vuaflart (Albert), 4535, 6127.
Vuagneux (Henri), 5675.
Vuibert (H.), 4787.
Vuillaume (Maxime), 1308, 1309, 3324.
Vuillaume (R.), 7870.
Vuille (Charles), 9689.
Vuitry (Ad.), 8758.

W

W... (Le colonel), 9445.
Wäber (A.), 8449.
Wagner (Richard), 11131, 11534, 11535, 11536, 11537.
Wagnière (Georges), 9720.
Wailly (G. de), 2832.
Wailly (Natalis de), 656, 2705, 9975.
Walch (J.), 11614.
Waldeck-Rousseau (Pierre-Marie-René), 5225.
Waleska (Marie), 9935.
Walkenaër (C. A.), 10422.
Wallace (Richard), 4938, 4939, 8001, 12040.
Wallin (George), 2238.
Wallon (Henri), 759, 3234.
Walpole (Horace), 7808.
Walsh (Vte), 1871.
Walter (Jehan), 1917, 10684.
Wand, 8170.
Warenhorst (Georges), 8535.
Warens (Mme de) [Louise-Éléonore de la Tour du Pil], 8941, 10874.
Warneck, 12041.
Warnod (André), 422, 522, 1677, 2635, 2687, 5372, 5373.
Warc (Jean de), 10650.
Washburne (E. B.), 9514.
Wasserfon (Antonio), 5390.
Watteau (Antoine), 4105, 4555, 4579, 5726.
Watteville (Baron O. de), 2769, 3167, 8772, 9010, 11793.
Wattinne (Adolphe), 788, 5954.
Wauters (A.-J.), 8266.
Wasweiler (Émile), 9721.
Weber (G. E.), 10569.
Weill (Alexandre), 4993.
Weiller (Lazare), 8752, 9660.
Weise (C. H.), 10279.
Weiss (J.-J.), 5226, 8133.
Wells (J.), 8208.
Welsch (Charles), 8191.
Welschinger (Henri), 841, 9142, 9411, 9858.
Welvert (Eugène), 8677, 8916, 8988, 9002.
Wengen (Von der), 9412.
Werdet (Edmond), 3856, 9076.
Werner (Georges), 9662.
Wetterlé (Émile), 9722.
Wey (Francis), 1119, 7623, 7624, 8334.
Whistler (James Mac Neill), 4377.

Whitlock (Brand), 9724.
Wiener (Charles), 8563.
Wiggishoff (J.-C.), 2574, 2835, 9936, 11911.
Wittgenstein (Georges), 4549.
Wilhelmine (La reine), 1315.
Will (C.), 10265.
Willems (Alphonse), 12042.
Willette (Adolphe), 11227.
Williamson (E.), 4241.
Williamson (Dr George C.), 4458, 11616.
Wilson ([illegible]), 12151.
Wimpffen (Baronne de), 9031.
Winckler, 5468.
Witkowski (Dr G.), 5141.
Witt (Mme de) [née Guizot], 8609.
Witt (J. de), 9887.
Wolbiot (Pierre), 9847.
Wogel, 11579.
Wolf (C.), 3469.
Wolff (Albert), 3042, 9413.
Wolff (Pierre), 11496.
Wolowski (A.-L.), 9414.
Wolowski (B.), 1277.
Wood (Eric Fisher), 9725.
Wouters (Félix), 9082.
Wyzewa (Teodor de), 4534, 9515, 11526, 11732.

X

Xanrof (Léon) [Léon Fourneau], 5060.
Xénophon, 10324.

Y

Yan d'Argent [Jean-Édouard Dargent], 9754.
Y. K., 1001, 1100.
Yorke (Henri Redhead), 931, 7809.
Yriarte (Charles), 1310, 1355, 1796, 5471, 9415, 12237.
Ysern y Alié (Pierre), 4578.
Yundt, 9754.
Yve-Plessis (R.), 8921, 11147, 11195, 11862.
Yvert, 1390.
Yvert (Louis), 1190.

Z

Zacconi (Pierre), 599.
Zaleski (Bronislas), 8586.
Zambaux (Marcel), 12045.
Zarate (Augustin de), 8564.
« Zed », 4102.
Zegarra (Gavino Pacheco), 11508.
Zenker (Ernest Victor), 3898.
Zeppelin (F. de), 11516.
Zimmer (Bernard), 11497.
Zola (Émile), 3601, 4367, 5057, 5061, 5062, 9416, 9446, 9947, 9448, 10978, 11373.
Zorrilla, 11529.
Zurlinden (Général), 9417, 9516.
Zuylen (Belle de). V. Charrière (Mme de).

***

***, 9663.

TABLE GÉNÉRALE

PARIS ET ILE-DE-FRANCE

HISTOIRE GÉNÉRALE DE PARIS . . . . . 1 ; II, 453
Descriptions, guides, dictionnaires . . . . . 11 ; II, 453
Histoire des quartiers de Paris . . . . . 38 ; II, 455
Études et essais historiques . . . . . 52 ; II, 457
Histoire particulière à diverses époques :
- Des origines au XVIe siècle . . . . . 63 ; II, 457
- Paris au XVIe siècle . . . . . 64 ; II, 457
- Paris au XVIIe siècle . . . . . 65 ; II, 458
- Paris au XVIIIe siècle . . . . . 66 ; II, 458
- Révolution 67
- Consulat 84
- Premier Empire et Restauration . . . . . 85 ; II, 458
- Monarchie de Juillet 85
- Révolution de 1848 87
- Second Empire 88
- Siège de Paris (1870-1871) . . . . . 89 ; II, 458
- La Commune . . . . . 100 ; II, 458
- Paris sous la 3e République 115
- Paris pendant la guerre de 1914 116

Histoire de la Bourgeoisie . . . . . 117 ; II, 458

HISTOIRE PHYSIQUE ET NATURELLE

Flore 120
Catacombes, carrières, etc. 121
Eaux 122
La Seine . . . . . 126 ; II, 458
La Bièvre 129
Canaux 130
Fontaines . . . . . 130 ; II, 458
Population 131

Histoire topographique et monumentale.

Topographie et plans . . . 132 ; II, 458
Agrandissements, enceintes, fortifications . . . 141 ; II, 464

Rues et voies publiques.

Histoire, dictionnaires . . . 144
Places, ponts, promenades, jardins . . . 150 ; II, 464
Voirie . . . 157
Curiosités de la voie publique. Cris de Paris . . . 161
Monuments publics . . . 162 ; II, 465
Hôtels et maisons privées . . . 179 ; II, 465
Œuvres d'architectes contenant la reproduction de monuments parisiens . . . 185 ; II, 466
Embellissements de Paris. — Législation des constructions . . . 188
Vues de Paris . . . 189 ; II, 466

Histoire religieuse.

Liturgie . . . 195
Administration ecclésiastique . . . 196
Histoire ecclésiastique . . . 197 ; II, 467
Églises de Paris . . . 199 ; II, 467
Communautés religieuses . . . 216 ; II, 467

Histoire civile et administrative.

Administration municipale . . . 221 ; II, 468
Hôtel de Ville . . . 225 ; II, 468
Finances, octroi, bourses . . . 228
Consommations . . . 229
Commerce et industrie . . . 232
Expositions . . . 235 ; II, 469
Arts et métiers . . . 252
Postes et voitures (fiacres, transports en commun) . . . 254

Charité et Assistance publique.

Compagnies de charité. — Secours mutuels . . . 261
Hôpitaux et hospices . . . 264
Pompes funèbres, inhumations, cimetières . . . 269

Histoire judiciaire et de la Police.

La Justice à Paris . . . 274
Histoire de la police . . . 282
Crimes et prisons. — Exécutions . . . 284
Armée de Paris . . . 292

Histoire des Lettres, des Arts et des Sciences.

Instruction publique . . . 295
Grandes Écoles : Droit, médecine, chirurgie, etc. . . . 296 ; II, 469
Collèges anciens et modernes. Écoles supérieures, petites écoles . . . 303 ; II, 469

Histoire littéraire.

Institut. Académie française, Académie des Inscriptions et belles-lettres. — Mélanges. 311
Sociétés savantes. — Comités. — Congrès. . . . . 314 ; II, 469

Bibliothèques et archives.

Archives. 318
Bibliothèques (généralités). 319
Bibliothèque Nationale et autres. . . . . 321 ; II, 470
Bibliothèques particulières. 329
Imprimerie et librairie. 331
Journaux. . . . . 338 ; II, 471
Journalistes parisiens. 352

Histoire artistique.

Histoire de l'art à Paris. 357
Musées. — Expositions. . . . . 359 ; II, 471
Académie de peinture et de sculpture. 382
Peintres, sculpteurs. — Publications d'art. . . . . 383 ; II, 473
Antiquités, archéologie, architecture. . . . . 401 ; II, 474
Langage parisien. — Calendriers, annuaires, états. . . . . 415 ; II, 474
Charges, caricatures. 420

Histoire des Mœurs et des Coutumes.

Généralités. — Tableaux et romans de mœurs. . . . . 421 ; II, 475
Fêtes et Divertissements. . . . . 443 ; II, 475
Théâtre. . . . . 445 ; II, 475
Jardins publics. — Bals. — Prostitution. 468
Cafés, cabarets, hôtelleries. 473
Logement. — Vêtements, luxe, modes. . . . . 476 ; II, 478
Salons, cercles, duel. 478

Ile-de-France.

Seine. 479
Seine-et-Oise. 508
Seine-et-Marne. 560
Oise. 572
Aisne. 585
Bibliographie parisienne. 591

PROVINCES

Picardie. . . . . II, 1
Artois. . . . . II, 3
Champagne. . . . . II, 4
Lorraine. . . . . II, 6
Alsace. . . . . II, 7

Normandie. . . . . II, 8
Maine. . . . . II, 14
Bretagne. . . . . II, 14
Anjou. . . . . II, 15
Poitou. . . . . II, 16
Orléanais. . . . . II, 17
Touraine. . . . . II, 22
Berry. . . . . II, 22
Nivernais. . . . . II, 23
Bourbonnais. . . . . II, 23
Marche. . . . . II, 24
Limousin. . . . . II, 24
Auvergne. . . . . II, 25
Angoumois. . . . . II, 26
Aunis et Saintonge. . . . . II, 26
Guyenne. . . . . II, 29, 479
Gascogne. . . . . II, 58
Béarn . . . . II, 59
Comté de Foix. . . . . II, 59
Roussillon. . . . . II, 60
Languedoc. . . . . II 60
Lyonnais. . . . . II, 63
Bourgogne. . . . . II, 65
Franche-Comté. . . . . II, 68
Savoie. . . . . II, 69
Dauphiné. . . . . II, 76
Comtat. . . . . II, 77
Provence. . . . . II, 78
Comté de Nice. . . . . II, 79
Corse. . . . . II, 80
Algérie. . . . . II, 80
France et colonies. . . . . II. 81
Postes-télégraphes. . . . . II, 95
Chemins de fer. . . . . II, 97

GÉOGRAPHIE

Généralités. — Histoire et progrès de la géographie. . . . . . . II, 101
Géographes anciens et modernes. — Dictionnaires de géographie. . . . II, 102
Cartographie. — Atlas. . . . . II, 106, 480
Revues, sociétés, congrès de géographie. . . . . . . II, 110
Recueils de voyages. . . . . II, 111

Europe.

Allemagne. . . . . II, 115
Angleterre et colonies anglaises. . . . . II, 118
Autriche-Hongrie. . . . . II, 123
Balkans, Turquie, Grèce. . . . . II, 124
Belgique, Luxembourg, Hollande. . . . . II, 125
Espagne, Portugal. . . . . II, 128

Italie. . . . . II, 129
Pays scandinaves. . . . . II, 133
Russie. . . . . II, 134
Suisse. . . . . II, 135
Afrique. . . . . II, 146
Amérique. . . . . II, 147
Asie. . . . . II, 150
Océanie. . . . . II, 152

HISTOIRE

Histoire ancienne. . . . . II, 153
Histoire de France. . . . . II, 153
Histoire de France à diverses époques :
Du XIe siècle à Louis XIII. . . . . II, 166
Louis XIV. . . . . II, 171
Louis XV. . . . . II, 177
Louis XVI. . . . . II, 182
Révolution. . . . . II, 185
Premier Empire. . . . . II, 188
Restauration. . . . . II, 191
Monarchie de Juillet. . . . . II, 193
Révolution et République de 1848. . . . . II, 195
Second Empire. . . . . II, 196
4 Septembre. Gouvernement de la Défense nationale. . . . . II, 202
Guerre de 1870. . . . . II, 204
Troisième République . . . . . II, 222
Guerre de 1914. . . . . II, 230
Histoire d'Allemagne, d'Angleterre, etc. . . . . . II, 246
Dictionnaires historiques. — Études biographiques. . . . . II, 248
Armorial. — Généalogies. — Noblesse. — Distinctions honorifiques. . . . . II, 263
Numismatique. . . . . II, 265
Histoire des religions. — Théologie. . . . . II, 266

SCIENCES

Mathématiques. — Physique. — Astronomie. . . . . II, 269
Droit. . . . . II, 275
Economie. — Commerce. — Statistique. . . . . II, 277
Philosophie. . . . . II, 280
Sociologie. . . . . II, 281
Médecine. — Hygiène sociale. . . . . II, 282
Histoire naturelle. — Sociétés diverses. . . . . II, 284

BELLES-LETTRES

Linguistique. — Graphologie. — Sténographie. . . . . II, 286
Auteurs grecs. . . . . II, 292
Auteurs latins anciens et modernes. . . . . II, 295

LITTÉRATURE FRANÇAISE.

Généralités. Poètes français du XIe au XVIe siècle . . . . II, 299
Poètes français, XVIIe siècle . . . . II, 303
Poètes français, XVIIIe siècle . . . . II, 313
Poètes français, XIXe et XXe siècles . . . . II, 317
Auteurs en prose : du Moyen Age au XVIIIe siècle . . . . II, 334
Auteurs en prose, XVIIIe siècle . . . . II, 339
Auteurs en prose, XIXe et XXe siècles . . . . II, 343
Mélanges. — Essais . . . . II, 351
Romans, contes, nouvelles . . . . II, 354
Facéties, dissertations singulières ; l'amour, les femmes et le mariage . . . II, 358

LE THÉÂTRE.

Généralités. — Histoire du Théâtre . . . . II, 362
Biographies. — Souvenirs de Comédiens . . . . II, 368

PIÈCES DE THÉÂTRE.

Généralités. — Recueils. — L'ancien théâtre français . . . . II, 375
XIXe et XXe siècles. — Théâtres étrangers . . . . II, 382
Opéras . . . . II, 395
Chants et chansons. — Le Café-concert . . . . II, 396
Littératures étrangères . . . . II, 400

LIVRES ILLUSTRÉS OU TIRÉS A PETIT NOMBRE[1] . . . . II, 404

ENCYCLOPÉDIES . . . . II, 419
Bibliographie . . . . II, 421, 482
Bibliophilie . . . . II, 431
Catalogues de ventes et d'expositions . . . . II, 434
Expositions étrangères . . . . II, 444

DONS ET LEGS . . . . II, 449

Index des noms cités . . . . III, 1
Table générale . . . . III, 83

1. Se reporter à cette rubrique, notamment en ce qui concerne Paris et l'Ile-de-France.

CHARTRES. — IMPRIMERIE DURAND, RUE FULBERT (11-1929).

www.ingramcontent.com/pod-product-compliance
Ingram Content Group UK Ltd.
Pitfield, Milton Keynes, MK11 3LW, UK
UKHW020341180726
13839UKWH00002B/839